夢を追いかけて

音楽を学んだ明治女性・岩原愛の生涯

丸山 彩
MARUYAMA Aya

文芸社

もくじ

プロローグ　5

Ⅰ　音楽の道を志して　15
愛さんの生い立ち　16
瓜生外吉と繁子　20
音楽取調掛　22

Ⅱ　東京音楽学校　25
専修部と師範部　26
幸田延　36
安藤幸　38
音楽の学習　40
愛さんの写譜　53
演奏会に出演　78

Ⅲ　京都へ　87
研究科へ　88
京都府高等女学校　107
唱歌専修科　109

Ⅳ　家庭の人　121
結婚　122
山口時代　124
長女の死　133
長者丸へ　137

Ⅴ　果たされた夢　151
恭子さんとの出会い　152
器用なおばあさん　163
おばあさんと音楽　165

エピローグ　180

岩原　愛　年表　190
参考文献・参考史料　192
あとがき　197

プロローグ

夢を追いかけて

現代の日本では、日常生活の中で毎日といっていいほど音楽を耳にします。テレビをつけるとバックミュージックが自然と耳に入ってきますし、買い物に行ったお店でもＢＧＭが流れています。私たちは特に音楽が流れていると意識することもなく、生活をしています。そして、その音楽の大半は、西洋音楽に由来する音楽です。日本人が西洋音楽を耳にして、それを受容しようと試みたのは、幕末から明治にかけての時期です。本書で取り上げるのは、多くの日本人が初めて西洋音楽を耳にして間もない頃、西洋音楽を本格的に学習した一人の女性です。

私は、母の影響で、物心つく前から日々音楽に触れていました。母が自宅でピアノを教えていたので、ピアノの音は毎日耳にしていて、毎日誰かがピアノを弾いているのが当たり前の環境で育ってきました。母は私をピアノが弾ける子どもに育てたかったようで、私も気が付けばピアノを弾いていて、それに対して疑問を持ったことはありませんでした。しかし、心のどこかで「母に言われてピアノを弾いている」という思いがあったのかもしれません。小学校高学年の頃、私はピアノではなくて歌がやりたい、と言い出しました。小学校の音楽の授業で、歌うことの楽しさを知ったのです。しかし、声楽を習いはじめるタイミングは身体の成長にも関わるので、まず合唱からはじめて、声楽のレッスンに行くのは早くても中学生になるまで待つように、と母に言われました。そして、中学二年生で、念願の声楽のレッスンに通いはじめたのです。ピアノとちがって、声楽を習うのは私自身の希望でしたから、レッスンに通うのも練習をするのも、楽しくて仕方ありませんでした。そして、ピアノは高校一年生頃に自然とやめてしまい、声楽に没頭していったのです。

音楽系の大学への進学も視野に入れていたところ、声楽は個人レッスンを続けて、大学では日本史を専攻すると決断しました（と、一言で書いたものの、葛藤と紆余曲折を経ました）。立命館大学文学部日本史学専攻に進学した私は、日々声楽の練習に励みながらレッスンに通い、大学では日本史やドイツ語の学修に取り組みました。しかし、三回生のとき、ゼミに所属して研究テーマを決める段階になって、明治期の西洋音楽受容をテーマにしたいと考えるようになったのです。

それにはきっかけがありました。文学部一回生の必修科目であったリテラシー入門の授業において、課題レポートで取り上げた題材です。当時のリテラシー入門の課題レポートは、計五回あり、一回目のレポート提出後、二回目は担当教員からの講評を受けた一回目のレポートの修正、三回目のレポート提出後にも四回目のレポートで修正、そして五回目、

プロローグ

最終のレポートを迎えるという一年間のスケジュールでした。一回目のレポートは、異文化に触れた日本人について扱うという課題で、私が選んだのは永井繁子（のちの瓜生繁子）でした。永井繁子とは、岩倉使節団に伴い、日本初の女子留学生として、津田梅子らとともにアメリカに渡った人物です。繁子はアメリカでピアノを学び、帰国後は音楽取調掛でピアノを教えた、鹿鳴館でピアノを弾いていた、ということが気になっていたので、彼女を取り上げました。大学入学以前より興味があった永井繁子について調べ、レポートを書くのはとても楽しい時間でした。一回目のレポートの評点はあまりよいとはいえなかったものの、二回目のレポートでは少し評点が上がりました。三回目のレポートの課題は、大学のキャンパスに隣接する、国際平和ミュージアムを見学して、その展示の中からテーマを設定するというものでした。私は、戦時中の宝塚歌劇団についての展示が目に留まり、これをテーマにしました。宝塚歌劇団の歴史について調べるのも楽しく、提出したレポートの評点も前回より上がりました。そして、五回目のレポートで私が取り上げたのは、三浦環です。これまで、私自身が関心のある音楽に関わるテーマを設定することで、楽しく課題に取り組めたので、同様に三浦環の活躍について詳しく知りたい、という思いからでした。そして、一回目から五回目にかけて、調べることがどんどん楽しくなっていくのと並行するように、評点も上がっていきました。私自身が積極的に取り組んでいる課題に、高い評価がつけられるほど、嬉しいことはありません。

一回生のときに取り組んだこのリテラシー入門の課題を思い出し、三回生になって、明治期の西洋音楽受容をテーマにすることが頭をよぎったのです。卒業論文も、私の好きなことについて楽しく取り組みたい。また、私の中には、大学で学んだことを卒業後もいかしたいという思いがありました。音楽史を研究することは、卒業後の私にとっても、きっと生きてくるはずです。このとき、今まで敢えて分けて考えていた、声楽の学習と大学での学び・研究が見事にクロスしたのです。そして、なぜ明治期に日本人は歌の勉強をするようになったのか、明治期の日本で私と似た人物に出会いたい！との思いから、研究をスタートさせました。

テーマを決めてからは、大学卒業後の進路についても、すぐに見えてきました。それは、音楽史の研究で、音楽系の大学の大学院へ進学すること。一度は諦めた音楽系大学への進学が、音楽史の研究をはじめることで、再び目標として見えてきたのです。同時に、日本史学の基礎が不足していることは痛感しており、四年で大学を離れることへの不安はありました。そのようななか、文学部が前年度より大学院進学プログラムという制度を開始していました。大学院進学プログラムとは、三年次末に試験を受けて合格した場合、四年次には大学院科目の履修が認められます。そして、大学卒業と同時に学士号が授与され、引き続き大学院に在籍し、一年間で修士号が取得できるというシステムです。私は、この大学院進学プログラムに出願し、四回生になるとともに、大学院の講義の受講を開始しました。

四回生から大学院前期課程にかけての二年間は、大学院の講義に出る傍ら、卒業論文の執筆、続く修士論文の執筆に加え、受験の準備と、大忙しの日々でした。しかし、実際当時のことを振り返ってみると、楽しい日々だったように思います。一年前倒しで事が進んでいるので、一度失敗してもその一年はじっくりと将来について考えればよい、そのように自分自身に言い聞かせて、東京藝術大学大学院音楽研究科の音楽教育研究室を受験しました。そして、平成二二（二〇一〇）年四月には無事東京藝術大学大学院の博士後期課程に進学することができました。

本書で描いたのは、岩原愛《いわはらあい》さん（結婚後は松本愛さん）という一人の明治女性の生き様です。愛さんとの出会いは、立命館大学大学院在学中でした。当時、明治一〇～二〇年代の京都の女学校の音楽教育について研究をしていた私は、明治二五（一八九二）年に京都府高等女学校へ唱歌科教員として赴任した岩原愛さんを知りました。そして、東京藝術大学大学院進学後、愛さんについて深く掘り下げる機会を得たのです。愛さんの名前は、明治期の音楽について扱った書物の中に、たびたび登場することもあります。しかし、幸田延・安藤幸姉妹などと比べると、注目されてこなかった人物です。これまで、生田澄江『舞踏への勧誘―日本最初の女子留学生永井繁子の生涯』（文芸社、二〇〇三年）および、同『瓜生繁子―もう一人の女子留学生』（文藝春秋企画出版部、二〇〇九年）、坂本麻実子

「石川県人の西洋音楽事始」(『お茶の水音楽論集』特別号〔徳丸吉彦先生古稀記念論文集〕、二〇〇六年)、竹中亨『明治のワーグナー・ブーム　近代日本の音楽移転』(中央公論新社、二〇一六年)などで、愛さんについて言及されています。本書では、文字史料だけでなく、愛さんと関わりのあった方々の証言も踏まえて、愛さんの一生を描き出します。

本書出版に際しては、愛さんの足跡を提示すると同時に、私が今まで取り組んできたこと、現在の私にいたるまでも紹介して、進路に悩んでいる高校生や大学生に力を与えることができれば、という思いがあります。幼少期から、音楽が常に身の回りにあるという環境の中で、私は歌という大好きなものに出会いました。しかし、母は自身が志半ばで断念したピアノへの夢を、私に託したかったのです。それは、本書でも述べるように、愛さんがヴァイオリンへの夢を長女に託したのと似ています。母自身はピアノから声楽に転向し、現在の活動の中心は声楽ですので、私とも折に触れてデュエットをする機会もあり、結果的に現在の私について納得してくれていることと思います。そして、私は大学進学後、母と離れて住むようになってから、ピアノを弾くことが楽しいと思えるようになりました。今でも趣味の一つとしてピアノを楽しめるのが、母のおかげであることはいうまでもありません。一人の人間をとってみても、その子ども、孫まで感情でつながっています。愛さんとそのご家族との関わりを見ることで、家族の大切さについても考えるきっかけとなれば幸いです。

三つの史料

私の研究では、三つの形態の史料を用いています。博士論文『音楽取調掛から東京音楽学校開校期における伝習・教育の実際—文書・楽譜・証言をもとに—』（東京藝術大学・博音二三一号、二〇一三年）の副題にもある、文書・楽譜・証言です。

文書とは、現代では一般的に「ぶんしょ」と読まれているものの、歴史学では「もんじょ」と読みます。私の場合、学校等が行政に伺いを立てた行政文書と呼ばれるものや、学校に残された教務関係文書を使用しました。行政文書の中でも、私は京都に焦点をあてて研究をしていましたので、京都府立総合資料館（当時）に所蔵されている「京都府庁文書」を使用しました。「京都府庁文書」の教育関係の文書の中には、当時の教員の履歴書等も含まれています。なお、京都府立総合資料館は、二〇一七年四月に京都府立京都学・歴彩館に改組し、「京都府庁文書」も移管されています。また、博士論文では「文書」という限定的なことばを使ってしまったものの、当時の新聞・雑誌記事等の文字史料は全般的に使用しています。

楽譜は、刊行された唱歌集はもちろん、写し取った手書きの楽譜も使用しました。コピー機がない明治時代、手書きの楽譜はもちろん一点ものですので、東京藝術大学附属図書館が音楽取調掛時代の唱歌集の草稿段階のものを所有しているほかは、関係者の個人宅に遺されていない限り、なかなか目にすることができないものです。私の研究では、明治一〇年代～二〇年代に音楽を学んだ当事者が遺した写譜を用いました（本書では明治二〇年代に愛さんが写譜をしたものを使用しています）。

そして、証言とは、関係者に聞き取り（インタビュー）をして、生の声を史料として検討する、オーラルヒストリーといわれるものです。現在、明治時代に音楽を学んだ本人から直接話を聴くことはできませんので、その人物を知っている方から、間接的に話をうかがいました。そのため、多少のフィルターがかかることは否めません。オーラルヒストリーの手法を用いる際は、文字史料と照合しながら、確認して進めていく必要があります。また、本書では、愛さんの長男・松本秀彦《まつもとひでひこ》さんが著した伝記『母を語る』（非売品、一九七四年）も、愛さんの近くにいた方の証言として、全面的に使用しています。

このように、三つの形態の史料を使用することで、相互を保管し、多角的な視点から対象を捉えることができるのです。なお、東京藝術大学大学院在学中に取り組んだ研究（博士論文）の一部が本書のベースになっています。

しかし、本書は研究書としての体裁を取りません。歴史や音楽の研究に携わっていない方々にも、広く読んでいただきたいからです。研究を進めるにあたって実施した聞き取りの録音の文字起こしは、当時高校生だった従妹が手伝ってくれました。私がどのような研究をしているのかよくわかっていないながらに、とても一生懸命、音声の再生・停止を繰り返してくれました。本書を刊行するにあたっては、そのような高校生（その後大学に進学し、本書の刊行が遅れたので現在は社会人になりました）が読んでもわかるような内容にしたかったのです。そのため、文体も研究論文ではまず用いられない、です・ます体を用いています。多くの方々にとっては、このような文体の方が親しみやすいためです。私は立命館大学文学部で、かつては私の進路を決定する要因となった一回生対象のリテラシー入門を担当し、レポートや論文の書き方やふさわしい文体について、二〇一六年まで講義を担当していました。本書はリテラシー入門では、悪文として紹介されるような文体で書いています。大学生の方は、ぜひ本書を読んで、論文としてはどのように書き直すのが適切か、添削をしてみてください。同様に、研究論文・研究書においては必須の「注」もなくしました。私は、普段論文を書く際は、細かく注をつけるように心がけています。しかし、文末に注ばかり登場すると、一般の読者の方々には読みにくいので、敢えて本文中で詳しく説明をし、参考文献は（　）を付けて示しました。このような書き方をすることで、研究の経緯も垣間見ていただけることと思います。

また本書では、引用史料中の判読不明文字は■で示し、史料は新字体に改めて読みやすくしています。

I　音楽の道を志して

愛さんの生い立ち

まず、本書で取り上げる岩原愛さんの生い立ちについて、「京都府庁文書」明25-53「明治二十五年中高等女学校一件　学務分掌」にある「唱歌教員任用ノ件」に続いて綴じられていた履歴書を見てみましょう。岩原愛さんは、旧暦の明治五（一八七二）年五月七日、石川県大聖寺町で生まれました。父の岩原孝興は、旧大聖寺藩の中級武士でした。二人兄妹の兄・謙三《けんぞう》は、のちに三井物産ニューヨーク支店の支配人（のち支店長と改称）を経て、同社の重役となった人物です。謙三さんは、父・孝興が大聖寺藩の役人として東京へ行った翌年、明治四（一八七一）年に郷里を離れて、木戸孝允が創立したという九段の英学校（詳細不明）に入学しました。木戸に謙三さんを養子に欲しいといわれ、父・孝興が長男を理由に断ったという逸話も残っています。しかし、謙三さんの学歴を知る手がかりは口述のみで詳細はわかりません。その後、謙三さんは郷里に帰り、明治一一（一八八八）年には大阪英語学校に入学しました。この大阪英語学校の上級には後に愛さんの夫となる、松本源太郎がいました。その後は東京商船学校に入学するも、正式に卒業したのか定かではありません。学校を出ると、共同運輸会社に入社しました。共同運輸会社が三菱商船と合併した後、三井物産に入社し、益田孝氏（後述する瓜生繁子の実兄）の秘書となりました。

愛さんは、明治一一年三月、満六歳を待たずに、石川県金沢市の婉静小学校の普通科に入学します。当時の小学校は、現在とは違って、決まった年齢に達してから入学するのではなく、同級生に異なる年齢の児童がいるのが珍しくありませんでした。明治一九（一八八六）年一二月二四日、婉静小学校が改称した高岡町女児学校を卒業しました。女児学校というのは、その名の通り、女児のための学校です。男女七歳にして席を同じくすることがタブーとされていたこの時代、小学校にも女子だけを集めたクラスがあったわけです。また、父・孝興は明治四年五月に大聖寺藩の役人を辞め、同年七月の廃藩置県とともに七尾県に出仕していたところ、次いで高岡に転じます（孝興の動向については、松本秀彦『母を語る』七頁による）。その後、明治一一～一二（一八七九）年頃には金沢に移住して代言人（弁護士）となりました。履歴書によると、愛さんは八年間の普通科を修業したとされています。現在では小学校は全国どこでも六年制で、そのように決められています。しかし、明治一九年四月の小学校令によって、小学校は尋常と高等の二つに分けられ、それぞれが四年の修業期間でした。このうち、尋常の四年間は義務とされたのです。尋常と高等に分けられる以前は、下等、中等、高等の三つに分けられていました。愛さんは小学校の八年間修業をしたということですから、おおよそ尋常と高等の課程を学んだということでしょう。

小学校卒業後、明治二〇（一八八七）年三月には東京の音楽取調掛《とりしらべがかり》に入学をします。履歴書には「東京音楽学校」とされているものの、正確には同年一〇月に音楽取調掛は東京音楽学校となります。履歴書では、「四年間修業」とあるので、明治二〇年三月には、後に述べる東京音楽学校予科に相当するカリキュラムが実施されていたのでしょう。また、この明治二〇年三月という時期は、音楽取調掛が明治一七（一八八四）年以来禁止していた女子の入学を再び認めたときです。現代では、街のいたるところで西洋の音楽を耳にしますけれど、当時は日本人の大半にとって、外国からきた音楽には馴染みがありませんでした。では、愛さんはなぜ音楽の専門教育機関を受験することにしたのでしょうか。それは、従兄の瓜生外吉《うりゅうそときち》、妻の繁子の助言があったのではないかと考えられます。東京音楽学校では専修部に進学し、ヴァイオリンと声楽を専攻しました。在学中の明治二三（一八九〇）年には特待生となりました。東京藝術大学音楽学部音楽総合研究センター大学史史料室所蔵の「明治二十三年四月以降　生徒入退学通知簿　東京音楽学校生徒係」という文書の欄外には、「特待生へ繰込ム　岩原愛　石岡得　御月謝ヲ要セザルモノト為レリ」と記されています。成績優秀な特待生は授業料が免除されたのです。同室所蔵の「明治二十三年七月　学年末試験書類綴　東京音楽学校」によれば、愛さんは明治二二（一八八九）年度を首席で終えていることがわかります。明治二四（一八九一）年七月には同校を首席で卒業し、引き続き研究生として在学を命じられるとともに、授業補助となりました。『東京

芸術大学百年史　東京音楽学校篇第2巻』（音楽之友社、二〇〇三年）の「東京音楽学校職員一覧および在職年表」では、愛さんの担当は「教職」となっています（一五四九頁）。

音楽家への道を好発進したかに見えた愛さんですけれど、ある「事件」をきっかけに、明治二四年一一月、東京音楽学校を退学します。翌年九月には、京都府高等女学校の嘱託唱歌教員となり、明治二八年一一月まで同校で教職に就いていました。京都府高等女学校に赴任する直前、明治二五（一八九二）年八月には東京音楽学校長から「孝明天皇祭」「神武天皇祭」の唱歌用楽譜の作成を嘱託されています。これらの祝日大祭日儀式唱歌は、先に完成していた歌詞に対して、宮内庁の伶人、東京音楽学校関係者、軍楽隊関係者等、作曲者を多数内定したうえで嘱託をしました。遠藤宏『明治音楽史考』（有朋堂、一九四八年、二〇二～二〇三頁）には、これらの唱歌の嘱託を受けて作曲をした人々の姓名が挙げられていて、愛さんも「神武天皇祭之歌」の作曲の嘱託を受けたことがわかります（履歴書に記載されていた「孝明天皇祭之歌」には愛さんの名前は見られませんでした）。これらの唱歌は、明治二六（一八九三）年八月に文部省告示として公布され、その後の祝日大祭日の儀式において歌われることとなりました。最終的には愛さんの作品は採用されなかったものの、履歴書にも記していることから、これらの唱歌を作曲することがいかに名誉であったかがうかがえます。

瓜生外吉と繁子

瓜生繁子《うりゅうしげこ》、旧姓・永井繁子は文久元（一八六一）年、江戸の益田家に生まれ、のちに、幕府の軍医であった永井家の養女となりました。兄の益田孝（この人物は三井物産初代社長となります）は、北海道開拓使が募集した女子留学生として、妹の繁子を送り込むことを思い付きます。当時の政府は、幕末に結んだ不平等条約の改正を交渉するため、左大臣・岩倉具視を全権とした、遣米欧使節団を派遣することとなりました。その使節団に、開拓使が募集した女子留学生五名が同行することになったのです。ともに渡米した女子留学生のうち、年長の吉益亮子と上田悌子はホームシックにかかり、帰国を余儀なくされます。年少の繁子、山川捨松、津田梅子の三名はこの先一〇年ほど、アメリカで生活をすることになります。山川捨松は、帰国後、海軍の大山巖と結婚し、「鹿鳴館の華」と呼ばれ、社交界で活躍しました。津田梅子は女子教育に力を注ぎ、女子英学塾（現在の津田塾大学）を創設しました。そして、繁子は、ニューヨーク州のヴァッサー・カレッジの音楽科でピアノを学びました。日本人女性としてはじめて、音楽の専門教育を受けたわけです。帰国した翌年の明治一五（一八八二）年、音楽取調掛に採用され「洋琴教師」となります。洋琴というのは、ピアノのことです。この年の一二月には、留学中に出会った、海軍中

瓜生繁子（松本宗雄氏提供）

尉・瓜生外吉と結婚しています。外吉は、繁子の在米中にアナポリス海軍兵学校に留学しており、互いのホストファミリーが懇意の仲にありました。つまり、外吉と繁子は、当時では珍しい、海外留学中に出逢った恋愛結婚だったのです。また、繁子は、東京高等女学校、東京女子高等師範学校でも英語を教えています。幼少期をアメリカで過ごしたため、繁子にとっては日本語よりも英語の方が不自由なく使えたといいます。家庭内においても、繁子と外吉の会話は英語が常だったようです。

瓜生家と岩原家は親戚関係にあり、愛さんと外吉は従兄妹でした。東京音楽学校の規則には、「生徒ノ証人ハ丁年以上ノ男子ニシテ相当ノ資産ヲ有シ一名ハ其父兄親戚尚一名ハ府内ニ住居シテ一家計ヲ立テ身元ノ正確ナル者タルベシ」（第四　入学、在学、退学　第五條）とありますから、従兄の瓜生外吉が愛さんの東京での保証人となり、愛さんは瓜生家に下宿し、東京音楽学校へ通ったのです。愛さんと繁子も、姉妹のように仲がよかったといいます。なお、瓜生繁子の来歴については、生田澄江『瓜生繁子―もう一人の女子留学生』を参照しています。同書は、生田先生の前著『舞踏への勧誘―日本最初の女子留学生永井繁子の生涯』を加筆しまとめられたものです。

音楽取調掛

では、愛さんが入学し、繁子がピアノを教えていた、音楽取調掛とは、どのような機関だったのでしょうか。音楽取調掛は明治一二年一〇月、文部省の下部組織として設置されました。ボストンの師範学校に留学していた伊澤修二は、日本でも唱歌の教育を導入することが必要だと考え、目賀田種太郎とともに音楽取調掛の設置を文部省に上申します。めでたく音楽取調掛の設置が認められ、日本は学校教育へ唱歌を取り入れるために、奮闘をはじめるのです。音楽取調掛が設置された際、御用掛となった伊澤（当時は東京高等師範学校長を兼任）は、文部卿・寺島宗則に対して音楽取調に関する意見書を提出しました。その中に掲げられた「新タニ楽曲ヲ編纂製作スル事」「将来国楽ヲ興スヘキ人物ヲ養成スル事」「諸学校ニ新定ノ音楽ヲ実施シテ適否ヲ試ル事」は、音楽取調掛の三大綱領としてその役割を的確に示しています。初期の伝習生には、宮内省の伶人も含まれていました。伶人というのは、国家祭祀をはじめ宮中行事に関わる雅楽を司る人々です。当時、西洋式の祭典や行事も取り入れられていましたから、伶人たちは、西洋音楽の伝習も開始していました。そして、それら伶人の伝習生の中から優秀な者は、早々と指導者の側へとまわることになります。音楽取調掛は、三大綱領にも挙げていた「国楽」を興すために、音楽の調査、研究に着手しました。そして、諸学校に唱歌の教育を実施するために、その教材づくりを行います。そうして、作られた「唱歌」は、伊澤修二のいう「国楽」が形になったものであったといえます。

唱歌というものは、西洋音楽とイコールで結ばれるものではありません。はやくは、東京女子師範学校（現在のお茶の水女子大学）が宮内省の伶人たちに依頼して作成した保育唱歌や、京都府の女学校で、地歌の旋律に新作した歌詞を付けた唱歌などがありました。これらの唱歌は、これまでの日本にあった雅楽の音律や、地歌の楽曲をもとにしたものです。それに対して、音楽取調掛がつくった唱歌というのは、伊澤がボストンから招聘した音楽教育者のL．W．メーソンの助言のもと、編纂された『小学唱歌集』に結実します。もっとも、『小学唱歌集』の第二編、第三編は、L．W．メーソンの帰国後に完成しています。そのため、唱歌集編纂の事業は、L．W．メーソンから、海軍省と兼務して音楽取調掛に勤務するエッケルトに引き継がれることになります。唱歌は、西洋の楽曲の旋律に新たに歌詞を付けたものと、日本人が作曲したものに分かれます。『小学唱歌集』の大半を占める、西洋の楽曲由来のものには、原曲の歌詞の意味を汲んで歌詞が作られたものと、日本人によってまったく別の歌詞が付けられたものがありました。唱歌がなぜ、西洋音楽とはいえないのかというと、西洋由来の音楽に日本人が手を加えているからです。また、

『小学唱歌集』に関してはごくわずかではありますけれど、日本の歌に由来しているものもあります。そのため、『小学唱歌集』の成立をもって、唱歌という新たなジャンルを創出したといえるでしょう。『小学唱歌集』の初編は、明治一五年に出版に漕ぎ着けました。ここには、私たちが現在《むすんでひらいて》として親しんでいる歌が《見わたせば》として掲載されていたり、卒業式の定番ソング《蛍の光》が《蛍》として四番まである歌詞で掲載されていたり、と現代でも馴染みがある歌が見られます。

また、教員養成はというと、音楽取調掛は正規の伝習生のほかに、各府県から短期間で唱歌を学ぶ伝習生を募集します。それらの伝習生が地元に帰って、唱歌教育を主導していくのです。京都府からは、明治一六(一八七三)年に二人の教員が音楽取調掛で伝習を受けています(丸山彩「音楽取調掛における唱歌伝習の実際―伝習生が遺した「譜面」を手掛かりにして―」『音楽教育史研究』第一四号、二〇一一年)。

明治一八(一八八五)年、一時的に音楽取調所と改称していたときに、第一回卒業式が挙行されています。このとき、卒業したのは幸田延をはじめとする三名の女性です。当時の音楽取調掛(所)は女子の入学を禁止していて、在学していた優秀な女子のみ「見習生」という肩書で在籍させていました。つまり、正規の伝習生として認められていなかった女子が、実力を発揮したわけで、なんとも皮肉というか、同じ女性としては誇らしくも感じられます。この幸田延は、後に愛さんとも親交を持つ人物です。

II　東京音楽学校

専修部と師範部

明治二〇（一八八七）年一〇月、音楽取調掛は、東京音楽学校に改組します。それまで、文部省の一掛だったものが、教育機関つまり学校として新たなスタートを切ったのです。これは、日本において唱歌教育を実施するという当初の目標の一つが軌道に乗ってきたことを表していると同時に、音楽を学ぶということが社会的地位を得てきたことの証拠ともいえるでしょう。つまり、明治期を迎えて欧米からもたらされた音楽が、社会に浸透してきたわけです。

東京音楽学校には、専修部と師範部がおかれました。開校翌年の明治二一（一八八八）年四月に制定された「入学志願者心得仮定」では、最初の一年間を予科で学び、続いて「音楽教員タルベキ志願ノ者」が学ぶ師範部を二年間、「音楽ニ特別ノ才能ヲ具フル者ヲ特ニ撰抜」した専修部を四年間、それぞれ設置することとしました。実際には翌年の「東京音楽学校規則」で、専修部の修業年限は三年間と変更（師範部は二年間のまま）されています。この「東京音楽学校規則」では、予科、師範部、専修部それぞれの具体的な教育内容も定められています。

さて、東京音楽学校に合格すると、まず予科に入学します。予科の一年間では、音楽の基礎的な学習をします。現在では、音楽系の大学を受験するためには、音楽の基礎技能は必須ですから、ピアノをはじめ、聴音やソルフェージュ、楽典などを学んで、受験に備えます。しかし、当時は現在のように西洋音楽を学ぶことができる環境ではありません。「唱歌」という科目が設置されていた学校はあっても、歌を中心にした授業です。経済力のある学校には、オルガン（当時は風琴といいました）があっても、ピアノのある小学校なんてほとんどありませんでした。そのため、予科では、音楽の基礎として、「唱歌」「洋琴」「音楽論」を学びました。まず、「唱歌」では、「単音唱歌」を学びました。単音唱歌というのは、単旋律の唱歌（授業では学生に対してハモらない歌、と説明しています）で、歌としてはごく初歩的なものになります。「洋琴」というのは、ピアノのことで、「右手左手練習」を経て、「双手練習」をします。右手と左手別々に練習をして、弾けるようになったら、両手合わせて弾く、というごく基本的な練習方法です。つまり、はじめてピアノに触れる予科の生徒には、段階を踏んで練習をする、という方法から教えなければならなかったのです。「音楽論」では、「楽典」と「写譜法」を学びました。「楽典」というのは、簡単にいえば音楽におけるルールのこと、楽譜というのはルールに従って書かれています。「写譜」つまり楽譜を写すことは、音楽のルールを学習するうえでも役に立ちました。それに加えて、当時は現在のようにコピー機がありませんので、楽譜を所有するためには、写し取ることが必要でした。電子機器が発達し、「書く」ことから遠ざかっている現代の私たちが見習わなければならない学習方法です。愛さんも、とても器用に楽譜を写し取りました。また、「倫理」「文学」「英語」「体操、舞踏」といった一般的な学校で教えられる科目もありました。

予科の一年間を終えると、試験を経て、本科への入学が許可されます。本科入学に際しては、専修部もしくは師範部に分けられます。しかし、入学の許可が得られなかった場合は、選科（正規の学生ではなく、ピアノやヴァイオリンなど決まった実技を専門的に学ぶコース）に転じる、もしくは退学を命じられることもありました。さらに、本科では、専修部に進学するか、師範部に進学するかも、学校側が決定します。つまり、「この生徒は音楽家になる素質があるから」ということで専修部へ、「この生徒は音楽家に育てるのは難しいけれど、音楽の先生には向いている」ということで師範部へと振り分けられていったのです。そして、専修部へ進学した者は、各自の専攻も学校側によって決定されました。現在では、音楽科教員を目指す者は、教員養成のコースを受験したり、音楽家を目指す者は音楽系大学を受験したり、各自が自由に選択できますし、音楽系大学の受験にはピアノやヴァイオリン、声楽などそれぞれの専門があるのとは大きく異なります。

岩原愛さんは、専修部へ進学しています。つまり、学校側から、音楽家になる素質があると認められたわけです。専修部では、ヴァイオリンと声楽を専攻することになりました。これも、学校側からヴァイオリンと声楽が向いていると判断されたからです。後にも述べるように、愛さんのお孫さんにあたる岡谷和子さんのお話によると、愛さんは裁縫が得意でした。この愛さんの手先の器用さはヴァイオリン向きだったと、お孫さんたちも語っています。また、愛さんの長男・松本秀彦さんによる伝記『母を語る』では、愛さんがよい声をしていたことを伝えています。手先の器用さと美声が、学校に認められたということでしょう。

　では、音楽に特別の才能があると認められた専修部の生徒たちは、どのようなことを学んだのでしょうか。明治二二（一八八九）年の「東京音楽学校規則」では、専修部の修業年限は三年間とされています。専修部でも、師範部でも、科目の筆頭におかれたのは、「倫理」でした。これは、初等教育では「修身」といわれた科目に相当します。当時の日本の学校教育では、徳育が重視されました。東京音楽学校も「学校」であるだけに、修身を重視する点は同様でした。「声楽」では、初年度より「合唱歌」が取り入れられています。師範部では、音楽の教員になるために、「唱歌」を中心に学んだのに対し、専修部の二年目以降は「独唱歌」を学び、音楽の技能を身に付けることに重点がおかれました。「器楽」は、師範部では風琴（オルガン）とされているのに対し、専修部では洋琴（ピアノ）とされています。ヴァイオリン（「バイオリン」と表記）については、師範部では専攻する生徒のみとされているのに対し、専修部ではどの生徒に課せられるのか注記がされていません。そのため、専修部の第一学年では、教員側が生徒の専攻を選定するために、すべての生徒に対して洋琴とヴァイオリンを課したと考えられます。専修部の第二学年では、器楽が細分化されています。第一学年からおかれていた洋琴とヴァイオリンに加えて、三種の弦楽器（ヴィオラ、チェロ、コントラバス、それぞれ、「ヴィオラ」「ヴィオロンセロ」「ダブルベース」と表記）、管楽器（フルート、クラリネット、ホルン等）が見られます。週ごとの時間数と合わせてみると、洋琴、ヴァイオリン、その他の弦楽器から一つを専攻し、一週一〇時間が充てられ、さらに、風琴、管楽器、声楽から一つを専攻し、一週八時間を充てたと考えられます。

また、音楽家を養成するための専修部においても、最終学年の科目には「教育」がおかれています。当時唯一の音楽の専門教育機関であった東京音楽学校に対しては、中等学校（高等女学校や師範学校）の音楽教員養成の要望は強いものであり、専修部の卒業生の就職先としても、中等教育機関の音楽教員が多くを占めています。坂本麻実子氏は、東京音楽学校の卒業生が、全国の公立高等女学校および師範学校へ就職したことを調査して、その実際を明らかにしています（坂本麻実子「明治時代の公立高等女学校への音楽教員の配置—東京音楽学校卒業生の勤務校の調査から—」『富山大学教育学部紀要』第五三号、一九九九年、同「明治時代の師範学校への音楽教員の配置—東京音楽学校卒業生の勤務校の調査から—」同第五四号、二〇〇〇年）。音楽取調掛から東京音楽学校となってから、明治二一年七月にはじめての卒業生が出ています。このときの卒業生三名の明治二三年時点での就業先は、愛知県尋常師範学校、神奈川県尋常師範学校、私立唱歌学校でした。次年度の卒業生も、卒業の翌年には、全四名中三名が鳥取県尋常師範学校、第二高等中学校、茨城県尋常師範学校の教員を務め、もう一名は東京音楽学校に助手として引き続き在籍しています。これらからもわかるように、初期の東京音楽学校の卒業生は、教育現場において活躍しました。専修部としてはじめて三年の課程を終えた、明治二四（一八九一）年七月の専修部の卒業生九名は、卒業した一年後には、京都府高等女学校、奈良県尋常師範学校、私立東京女学館と、三分の一が中等教育機関に就職しています。このうち、京都府高等女学校に赴任したのが、愛さんです。

このような卒業生の動向については、『東京音楽学校一覧』という史料で追うことができます。『東京音楽学校一覧』は、年度ごとに、東京音楽学校の概要（沿革、規則、教員、生徒、卒業生）についてまとめられたものです。卒業生については、当該年度の就業先が明らかな者は、年度ごとに情報が更新されていきます。つまり、毎年の『東京音楽学校一覧』を見ると、ある卒業生の動向が追えるような仕組みになっているわけです。東京藝術大学附属図書館に所蔵されている『東京音楽学校一覧』を調査して、卒業生の動向を明らかにしたのが、先述の坂本氏の研究です。現在では、国立国会図書館のデジタルコレクション（旧近代デジタルライブラリー）でも、『東京音楽学校一覧』を閲覧することが可能です。自宅でパソコンやスマホを使って、調査ができるなんて、便利な時代になりました。

東京音楽学校には、予科と本科に加えて、選科もありました。予科から本科への進学が認められなかった場合、選科に転じる場合もあったというのは、先に述べた通りです。選科では、洋琴、風琴、ヴァイオリン、唱歌の中から、一科目もしくは二、三科目を選択することが可能で、入学に際しては試験が課せられました。当時の東京音楽学校は、満一四歳から入学が認められた一方、選科は満九歳からの入学が可能でしたので、予科に入学する前にまず選科で音楽を学ぶという形態もとられました。選科には在学期間が定められておらず、一年以上在学し、かつ試験に合格をした者に対しては、修業証明書を授与することとなっていました。現在でも、音楽系の大学に進学する以前に、音楽教室などで大学受験に備えて学習をしますから、イメージがしやすいのではないでしょうか。また、東京音楽学校の正規の生徒にならずとも、比較的短期間で音楽を学ぶことができました。このように、明治二〇年代になると、次第に音楽を学習する制度が整えられていったのです。

表Ⅱ-①　東京音楽学校専修部の学科課程（明治22年）

第一年

科目		内容	時数／毎週
倫理		倫理要旨	1
声楽	合唱歌	高等単音唱歌、複音及諸重音唱歌	8
器楽	洋琴	手指練習、音階練習、特習法、 楽曲練習	10
	バイオリン	姿勢、用弓法、手指運用法	4
音楽論		音楽理論	2
音楽史		本邦及欧州音楽史	2
文学		詩歌学、作歌	2
外国語		英語読方、作文	3
体操、舞踏		徒手運動、練声運動、方舞演習	2

第二年

科目		内容	時数／毎週
倫理		倫理要旨	1
声楽	合唱歌	高等単音唱歌、複音及諸重音唱歌	1
	独唱歌	練声術、歌曲演習	8
器楽	洋琴	音階練習、特習法、楽曲練習	10
	風琴	触撃法、発相法等	8
	バイオリン	手指運用法、特習法、楽曲練習法	10
	ヴイオラ ヴィオロンセロ ダブルベース	姿勢、用弓法、手指運用法 特習法、楽曲練習	10
	フリユート クラリネット ホルン　等	姿勢、用息法、手指運用法、 楽曲練習	8
和声学		調和ノ理論及実用	2
外国語		英語読方、作文、文法	6
体操、舞踏		徒手運動、練声運動、方舞演習	2

表Ⅱ-①（つづき）

第三年

科目		内容	時数／毎週
倫理		倫理要旨	1
声楽	合唱歌	高等単音唱歌、複音及諸重音唱歌	1
	独唱歌	高等歌曲	6
器楽	洋琴	音階練習、特習法、楽曲練習	9
	風琴	楽曲練習	6
	バイオリン	手指運用法	9
	ヴイオラ ヴィオロンセロ ダブルベース	姿勢、用弓法、手指運用法、 特習法、楽曲練習	9
	フリユート クラリネット ホルン　等	姿勢、用息法、手指運用法、 楽曲練習	6
和声学		調和及対位ノ理論及実用、 楽曲製作法	3
外国語		英語読方、作文、文法 伊語発音及読方	6
教育		教育学大綱、音楽教授法	2
体操、舞踏		徒手運動、練声運動、方舞演習	2

「東京音楽学校規則」（『東京音楽学校一覧　従明治廿二年至明治廿三年』19～23頁）より作成

表Ⅱ-②　東京音楽学校師範部の学科課程（明治22年）

第一年

科目		内容	時数／毎週
倫理		倫理要旨	1
声楽		高等単音唱歌、複音唱歌	8
器楽	風琴	触撃法、発相法等、楽曲練習 「バイオリン」生徒ハ四時間ヲ欠ク	10
	バイオリン	姿勢、用弓法、手指運用法、楽曲練習	4
音楽論		音楽理論	2
音楽史		本邦及欧州音楽史	2
文学		詩歌学、作歌	2
英語		読方、作文、文法	3
体操、舞踏		徒手運動、練声運動、方舞演習	2

第二年

科目		内容	時数／毎週
倫理		倫理要旨	1
声楽		諸重音唱歌	8
器楽	風琴	触撃法、発相法等、楽曲練習 「バイオリン」生徒ハ四時間ヲ欠ク*	10
	バイオリン	姿勢、用弓法、手指運用法、楽曲練習	10
	箏	調絃法、単弾法、複弾法初歩	2
音楽論		和声大意	2
英語		読方、作文、文法	2
教育		教育学大綱　唱歌教授法	3
体操、舞踏		徒手運動、練声運動、方舞演習	2

「東京音楽学校規則」（『東京音楽学校一覧　従明治廿二年至明治廿三年』18～19頁）より作成

＊国立国会図書館に所蔵された同史料には消された形跡あり

幸田延

東京音楽学校が開校する前、明治一八（一八八五）年二月、見習生だった三名の女性が音楽取調所（音楽取調掛が一時改称）を卒業したのは前述した通りです。その卒業生の一人が幸田延《こうだのぶ》です。幸田延については、萩谷由喜子『幸田姉妹～洋楽黎明期を支えた幸田延と安藤幸～』（ショパン、二〇〇三年）において、妹の幸とともに軌跡がまとめられています。また、延の留学中については、平高典子「幸田延のウィーン留学」（『論叢　玉川大学文学部紀要』第五三号、二〇一三年）、同「幸田延のボストン留学」（同第五四号、二〇一四年）、その後明治四二（一九〇九）年から翌年にかけてのヨーロッパ滞在中については、瀧井敬子・平高典子『幸田延の「滞欧日記」』（東京藝術大学出版会、二〇一二年）、平高典子「幸田延のヨーロッパ音楽事情視察」（『芸術研究　玉川大学芸術学部研究紀要』第七号、二〇一五年）といった研究があります。ここでは、これらの文献を参考にしながら、幸田延について紹介していきます。

幸田延は、明治三（一八七〇）年、旧幕臣（表坊主）の家に生まれました。八人兄妹弟の長女で、すぐ上の兄は文豪、幸田露伴（成行）です。幸田露伴については、瀧井敬子「幸田露伴と洋楽家の妹、延」（同著『漱石が聴いたベートーヴェン　音楽に魅せられた文豪たち』中公新書一七三五、中央公論新社、二〇〇四年、II章）を参照してください。延は幼少期から長唄を稽古し、三味線の進歩も早かったといいます。東京女子師範学校附属小学校在学中に、唱歌教授に訪れていたL.W.メーソンに音楽の才能を認められ、音楽取調掛へピアノを習いに通うようになります。当時、延は幼少期からの長唄に加えて、箏曲を習っていました。現代では、幼少期からピアノのレッスンを受けることは珍しいことではないですけれど、当時は一般家庭にピアノがあって毎日練習ができる時代ではありません。一方、自宅には箏や三味線はありましたので、延はレッスンの日のみ音楽取調掛でピアノを弾いて、自宅では専ら箏や三味線を弾いていたのです。

延は、メーソンに代わって、中村専という音楽取調掛最初の伝習生からレッスンを受けることもありました。この中村専も、もともとは箏曲が得意で、それがきっかけとなって音楽取調掛に入り、ピアノやヴァイオリンも弾きこなすようになりました。このように、西洋音楽の黎明期は、箏や三味線を得意とし、西洋の楽器も修得してしまう例が多く見られます。延も後に、演奏会で箏を披露しています。音楽取調掛では、女子の入学が禁止された後も、延は見習生という肩書で修学を続け、明治一八年には初の全科卒業生となります（先にも述べたように、当時は一時的に「音楽取調所」と改称していました）。このとき、卒業式とともに開催された演奏会では、瓜生繁子の指導を受けたピアノ曲、ウェーバーの《舞踏への勧誘》を披露しました。生田先生の著書『舞踏への勧誘』は、繁子が指導した卒業演奏に因んだタイトルです。

明治二二（一八八九）年には文部省初の音楽留学生として、ボストンへ一年間、続いてウィーンへ五年間留学します。はじめからウィーンへ留学するのではなく、まずボストンに留学しているのは、海外での生活になれるという意味合いのほか、恩師メーソンがいる土地だということで選ばれたようです。

安藤幸

延には、八歳年下の妹がいました。それが幸田幸、のちの安藤幸《あんどうこう》です。幸は明治二三年度より、東京音楽学校の選科（甲ノ組）に入学し、明治二五（一八九二）年には予科に入学します。幸は、予科に入学できる年齢までは、選科でヴァイオリンを学んでいたのです。姉の延が、メーソンに勧められて音楽の学習を開始したように、幸にヴァイオリンをはじめるきっかけを与えたのが、当時延が師事していた、東京音楽学校の外国人教師、ルドルフ・ディットリヒでした。幸は、ディットリヒが帰国してからは、ウィーンでの留学から帰国し、東京音楽学校教授となった姉の延から、ヴァイオリンを習いました。なお、東京音楽学校は明治二六（一八九三）年に予算などの関係から、東京高等師範学校の付属学校に降格しています。明治三二（一八九九）年に再独立を果たすまでは、正確には東京高等師範学校附属音楽学校ですけれど、ここでは便宜上、東京音楽学校と表記します。幸は、明治二九（一八九六）年には東京音楽学校を首席で卒業し、引き続き研究生として在学することとなります。選科から予科へ進学するという、入学前より音楽を本格的に学んでいた点では違えども、愛さんと同じようなルートを辿ったことがわかります。

明治三二年には、幸は姉の延に続く、第二回目の文部省の音楽留学生として、ベルリンへ留学します。帰国後は、延と同じく東京音楽学校の教授となります。明治三八（一九〇四）年には、東京音楽学校で英語を教えていた安藤勝一郎と結婚し、その後は安藤姓を名乗ります。幸田延・安藤幸は、姉妹ともに東京音楽学校の教授を務め、明治期の日本音楽界を牽引した人物といえます。

しかし、時は明治時代、このような女性の活躍を思わしくないとする世間の風潮がありました。延は、明治四一（一九〇八）年に、心ないバッシングに遭い、東京音楽学校の休職を余儀なくされ、ヨーロッパへと旅立ちます。そして、延は帰国後に東京音楽学校を辞職しています。一方の幸は、五人の子どもをもうける傍ら、東京音楽学校で後進の指導にあたっていました。幸は、昭和七（一九三二）年に教授を依願免官してからも、講師を務めていました。しかし、昭和一七（一九四二）年になって、新学期に出勤し、何の前触れもなく自身の授業が設置されておらず帰宅を余儀なくされる、という仕打ちに遭います。幸田姉妹を見ると、明治から戦前期の日本音楽界において、輝かしい活躍が認められる反面、女性の社会進出、また音楽を職業とすることの難しさも考えさせられます。

音楽の学習

では、当時の東京音楽学校の生徒たちは、どのようなことを学んだのでしょうか。愛さんの専修部二年次にあたる、明治二三年度の期末試験の内容を見ていくことにします。「明治二十三年七月　学年末試験書類綴　東京音楽学校」という公文書には、当時の期末試験の問題、生徒の答案、成績が収められています。東京音楽学校時代の公文書類は、東京藝術大学音楽学部一号館の倉庫で永らく保管されていて、平成一七～一九年度の調査（「近代日本における音楽専門教育の成立と展開」平成一七～一九年度科学研究費補助金基盤研究（B）、研究代表者　大角欣矢）によって、その存在が明らかになりました。「明治二十三年七月　学年末試験書類綴　東京音楽学校」もそれらの史料群の一つで、現在は東京藝術大学音楽学部総合芸術アーカイブセンター大学史史料室に保管されています。

明治二三年度の東京音楽学校の教員を『東京音楽学校一覧』で確認してみると、校長は伊澤修二、教授は上眞行《うえさねみち》、幹事は神津専三郎《こうづせんざぶろう》、助教授は菊池武信、遠山甲子《きね》、雇外国人教師はディットリヒ、教授方嘱託は瓜生繁子、チーチエ夫人、鳥居忱《まこと》、辻則承《のりつぐ》、納所辨次郎、雇教員は木村作子、森富子となっています。「明治二十三年七月　学年末試験書類綴　東京音楽学校」では、ディットリヒの筆跡を除くすべての箇所において、「専修部三年」と書かれていた学年は、当該年度の『東京音楽学校一覧』と生徒の姓名を照らし合わせてみたところ、「専修部二年」の誤りだとわかりました。この年度は専修部の第三学年にあたる生徒は在籍していません。明治二二年度は、明治二三年六月三〇日月曜日から、同年七月五日土曜日までの一週間にわたって学年末試験が実施されました（表Ⅱ－③）。以下、各科目の試験内容を見ていきましょう。

表Ⅱ－③　東京音楽学校明治22年度の学年末試験日程

	学年	8～11時	12～2時
6／30	専修部2年	英語	唱歌
	専修部1年	唱歌	理論
	師範部1年	唱歌	理論
	予科	英語	
	選科卒・甲	唱歌	
7／1	専修部2年	和声	
	専修部1年	文学	
	師範部1年	文学	風琴
	予科	唱歌	
	選科　乙	唱歌	風琴
7／2	専修部2年		英語
	専修部1年	英語	英語
	師範部1年	英語	英語
	予科	洋琴	
	選科　甲	洋琴	
	選科　乙	洋琴	
7／3	専修部2年	バイオリン	
	専修部1年	バイオリン	
	師範部1年	バイオリン	
	予科	文学	
	選科　卒・甲		バイオリン
	選科　乙		バイオリン
7／4	専修部2年	洋琴／専唱	
	専修部1年	洋琴／専唱	
	予科	理論	
7／5	専修部1年	音楽史	
	師範部1年	音楽史	
	予科	写譜	

注記
7月4日午前、専修部は8時～9時と9～11時に分かれている。「専唱」とは、選択した専門の唱歌の略だと思われる。

「明治二十三年七月　学年末試験書類綴　東京音楽学校」中の「期末試験日時表」をもとに作成

i）唱歌、声楽

唱歌というのは、音楽取調掛設置以来、学校教育へ導入しようとされていたものです。そのため、「唱歌」には教育のための音楽という意味合いが含まれています。また、『小学唱歌集』全三編に収録された唱歌が取り上げられていることが多いため、それらの曲を唱歌と称することもあります。一方、声楽というのは、より専門性の高いことばになります。音楽の専門教育機関である、東京音楽学校においては、「東京音楽学校規則」によって、科目名は「声楽」としていました。しかし、表Ⅱ-③を見てもわかるように、試験科目としては「声楽」ではなく、「唱歌」ということばが使われています。これは、当時の音楽学校関係者にとっても、唱歌と声楽ということばの使い分けが曖昧であったことを示しているといえるでしょう。専修部の「専唱」というのは、恐らく「専門唱歌」の略で、声楽の専攻の者に課せられたと考えられます。

明治二二年度の学年末試験では、上眞行が専修部と師範部（つまり本科）を担当し、予科及び選科乙組は、上とともに研究生の山田源一郎が担当しています。研究生というのは、今でいう大学院生で、当時の音楽学校の研究生は授業補助をしながら、自らも研鑽を積んでいました（愛さんや幸田幸も研究生となりました）。専修部一年と師範部一年は同一試験で、《頭の雪》《花鳥》という『小学唱歌集　第三編』所収の唱歌が課題でした。《花鳥》（はなとり、と読みます）の原曲は、ウェルナーの《野ばら》です。専修部二年は、

譜例①　「明治二十三年七月　学年末試験書類綴　東京音楽学校」中に示された問題をKAWAIスコアメーカーで複製、拍子記号は指定されていない

一年よりも高度な内容になっていて、『中等唱歌集』所収の《御稜の光》と音程の問題が課題です。譜例①は、「音程」の課題です。この音程を正しく取れるかを試したのでしょう。現在でいうソルフェージュです。予科と選科乙組は、別の音程の問題（「長音階　及長三和音　関係短音階及短三和音」）と『小学唱歌集　第二編』所収の《燕》が課題でした。予科、本科へと学習の過程も垣間みることができます。また、選科には、《花鳥》のみが課せられている生徒もいます。このことから、個人の習熟度に合わせて対応していたこともわかります。

「唱歌」は「東京音楽学校規則」において、本科では「声楽」とされている、基礎技能を習得させるための必修の科目です。この唱歌の試験に対して、「専唱」は専修部の学科課程に明記されていた「独唱歌」の試験です。「独唱歌」は専修部二年から設定されています。しかし、当該年度は専修部一年生も一名受験しています。つまり、教員の裁量によって、声楽のレッスンをしていたのでしょう。担当したのは、御雇外国人教師のディットリヒで、各生徒それぞれが異なる曲で受験をしています。学校側が多くの選択権を握った当時の状況を考えると、ディットリヒが各人に見合った曲を与え、それぞれが与えられた曲に取り組んだと考えられます。

ii）理論

理論の担当は、鳥居忱でした。「本科生理論科定期試験課題」は、

和声音ハ其比数ハ如何ナル順序ヲ以テ生スル者ナリヤ
■動比数其関係ノ簡単ナル時ハ其結果ハ何如
■ハ逆六ノ法ヲ以テ長音階ヲ算出スベシ
同法ヲ以テ短音階ヲ算出スベシ
　但シ一『コンマ』高キ者ト低キ者トニ様共
（「明治二十三年七月　学年末試験書類綴　東京音楽学校」）

という四題で構成されています。「本科生」とあるので、唱歌と同様に、専修部一年と師範部一年は同じ問題でした。

予科の理論は、研究生の鈴木米次郎が担当しています。この鈴木米次郎は、東洋音楽学校、のちの東京音楽大学を創設した人物です。

楽譜ハ如何ナルモノヨリ成立スルヤ
音階ノ移調トハ如何ナルコトヲ云フヤ　且ツ其法ニ幾種ア《ママ》リヤ
止拾ノ旋律トハ如何
左ノ調ヲ発見スベシ〔譜例は略──筆者注〕
（同）

と四題が出題されています。四題目では、ハ短調の譜例が提示されているので、「ハ短調」と答えるのでしょうか。予科の問題は、本科と比べると基本を問うものであり、一問目などは漠然とした問いです。「五線、音部記号（ト音記号、ヘ音記号）、音符、休符、…」などと答えればよいのでしょうか。また、出題者は日本音楽の墨譜などについての解答は、想定していたのでしょうか。理論の試験問題は、採点にも労を要します。

iii）和声

和声を担当したのはディットリヒで、専修部二年が受験しています。試験問題は、英文で出題されています。東京音楽学校では、全学年を通して英語が必修でした。試験問題が英語で出題されているということは、日常の授業においても、外国人教師との間では英語が用いられたことが想像されます。また、瓜生繁子も日本語よりも英語を得意としましたので、試験に関するこの史料においても、繁子は英文で記しています。つまり、東京音楽学校において音楽を学習するにあたって、英語は必要とされていたことがわかります。

ⅳ）風琴

風琴は師範部一年の科目で、担当したのは菊池武信でした。風琴の試験問題に、『音楽訓蒙』が挙げられていることから、風琴の学習にはこのテキストが使用されたことがわかります。試験問題は、『音楽訓蒙』三五頁から三八頁中の音階と、『小学唱歌集　第二編』所収の《太平曲》でした。『小学唱歌集』所収の唱歌を弾くというのは、音楽取調掛時代から風琴の試験において実施されていました。それは、当時はまだ唱歌の伴奏楽譜もなく、唱歌を教える教員が即興で和声を付けて演奏することもできなかったので、小学校等の教育現場においても、唱歌の旋律をそのまま弾いていました。東京音楽学校が開校して間もないこの時期は、音楽取調掛での方法が継続されていたのです。

選科の風琴は木村作子が担当しています。ある生徒には「嬰変長短音階」と《かすめるそら》、また別の生徒には「嬰変長音階三度十度六度反対音階」と《鏡なす》、といった具合にそれぞれの生徒に対して、音階の課題と唱歌が一曲指定されています。これも各生徒の到達度を考慮した出題なのでしょう。明治一六年の音楽取調掛では、一人一学級制といって、府県から要請があるたびに伝習生を受け入れ、個人に応じたカリキュラムを組み、試験も個人の到達度に合わせて設定されました。選科生の試験を見ると、このような音楽取調掛時代から通じるものがあります。

v）洋琴

選科の洋琴を担当していたのは、遠山甲子と木村作子でした。遠山は、幸田延と同じく音楽取調掛初の全科卒業生で、木村は先述の選科の風琴を担当した人物です。この当時はオルガンのことを「風琴」と表記していたように、ピアノは「洋琴」と記されました。史料を見ていると、「ヲルガン」や「ピヤノ」という表記も見られます。ちなみにヴァイオリンは「提琴」と書くこともありました。しかし、洋琴や風琴と比べて、提琴という表記は少ないような印象を受けます。東京音楽学校関係の史料にも「バイオリン」と書かれているものが多く見られます。選科の洋琴の試験内容は、「嬰変長短音階」と「バイーエル氏洋琴教則本双手練習第一ヨリ第九十六番マデノ内」でした。「バイーエル氏」というのは、現代でもピアノ初学者のテキストとして馴染みのある、『バイエルピアノ教則本』のことです。この『バイエルピアノ教則本』は、音楽取調掛が受け入れた図書の第一号でした。ボストンからL．W．メーソンが赴任してくるにあたって、音楽取調掛は二〇冊の『バイエルピアノ教則本』を注文しています。そして、音楽取調掛の洋琴伝習において、テキストとして用いられたのです。洋琴だけでなく、風琴の伝習においてもテキストとして用いられました。その『バイエルピアノ教則本』は、東京音楽学校でも、引き続き初心者用のテキストとなっていました（以下、教則本を指す際は『バイエル』と略記）。そして、現代でも、ピアノを学ぶ多くの人たちがまず『バイエル』から、レッスンを開始します。しかし、この『バイエル』がピアノ初学者のテキストとなっているのは、日本だけだといわれています（私が担当した講義を受講していた韓国人留学生によると、韓国でも『バイエル』からピアノのレッスンを開始したということです）。その発端は明治期の音楽取調掛で『バイエル』が使われた、というところにあります。それが一三〇年以上経った今でも、日本に根付いているのです。安田寛氏は、『バイエルの謎　日本文化になったピアノ教則本』（音楽之友社、二〇一二年）において、バイエルという人物について明らかにしていますので、ご参照ください。

予科の洋琴の課題は、同じく「嬰変長短音階」と「バーァエル氏洋琴教則本第六十五番ヨリ第百四番ノ内」でした。「バーァエル」と表記されていますけれど、これも『バイエル』のことです。この当時は、外国人の氏名をはじめ、カタカナ表記は統一されておらず、さまざまな表記がされていて、当時どのように発音されていたのかが垣間見えます。選科を担当した二人に加え、瓜生繁子も担当となっています。瓜生繁子は、岩倉使節団とともにアメリカへ渡った女子留学生、愛さんにとっては姉のような存在の女性だったことは、先に述べた通りです。課題とされた『バイエル』は、予科では六五番からとされています。

一方、選科では九六番までとされています。これらから、選科、予科ともに、各人の進度に合わせたレッスンが実施されていたことがうかがえます。選科では、『バイエル』の九六番まで終えていた生徒もいたということです。

専修部一年の洋琴は瓜生繁子が担当しています。課題は「嬰変長音階三度、十度、六度、反対音階」と「ダァーム洋琴教則本内第六十八、六十九枚　一曲ハ第三十四ヨリ第八十一枚マデノ内」とされています。音階の課題は、先に見た風琴の課題と類似のものです。そして、『バイエル』を終了して、『ダァーム洋琴教則本』という次のテキストに進んでいます。音楽取調掛時代には、二年次以降の洋琴では『ウルバヒ』（Urbach、ウルバッハ）というテキストが用いられています。『ウルバヒ』は、当時洋琴の教授にあたった繁子が持ち込んだものだということは、東京芸術大学音楽取調掛研究班編著『音楽教育成立への軌跡』（音楽之友社、一九七六年、第五章　取調掛における授業　第一節　実技教育　二　ピアノの実技教育）以来の諸研究においても指摘されていて、音楽取調掛時代より使用されています。この専修部一年の洋琴の試験は、いつ実施されたのか史料からはわかりませんでした。「専唱」と同じ時間帯には、ディットリヒによる洋琴の試験も実施されています。ディットリヒによる試験では、専修部二年の二名、専修部一年の三名、計五名に、長音階とソナタなどの楽曲を課せられています。

また、先の木村は写譜の試験も担当しています。木村が担当した予科の写譜の試験では、

「洋琴教則本ノ内第八拾番」が出題されていて、予科の生徒は写譜の学習においても、『バイエル』に取り組んでいたことがわかります。

vi）ヴァイオリン

愛さんが専攻したのは、ヴァイオリンでした。もっとも、当時の東京音楽学校では、各生徒の専攻は生徒自身が選択することができず、学校側に指定されました。つまり、愛さんはヴァイオリンを専攻すべき人物だと、学校側に認められたわけです。

ヴァイオリンは選科でも学ばれていました。幸田幸は、選科でヴァイオリンを学んだ後、就学年齢に達して予科に進学したのは先に述べた通りです。明治二二年度は、ヴァイオリン選科生三名を森富子、一名を山田源一郎が担当しました。この森富子は明治一九（一八八六）年二月に音楽取調掛を卒業していて、明治二三年には京都府高等女学校に唱歌専修科が設置されるにあたって、ヴァイオリンの教員として赴任したと京都府の行政文書には記されています（「明治二十三年一月〜十月官吏指令　第一庶務課」220「教員採用並びに増給伺の件」、「京都府庁文書」明23-15所収）。貴族院議員で京都の映画王といわれた稲畑勝一郎と結婚した森富子は、愛さんが京都府高等女学校に赴任する二年前、一足はやく同校に採用されていたようです。しかし、この「京都府庁文書」以外の史料で稲畑富子の名前は見られないので、本当に女学校でヴァイオリンを教えていたのかは、さらなる調査を要します。選科生の課題は、「教則本」から、森の担当する生徒のうち一名には「初メヨリ九枚目マテノ内」、あとの二名には「同〔初メヨリ―筆者注〕六枚目マテノ内」とされていて、各生徒の進度に合わせた課題を与えていたことがわかります。一方の山田が担当した生徒の課題は、「バイオリン教科書中第三部ノ内第一及第二」でした。森の生徒が使用した教則本が何の教則本なのか、山田の生徒の「教科書」と同一のものなのか、わかりません。いずれにしても、ヴァイオリンの基礎学習においては、東京音楽学校の教員が選定した教則本が使用されていたことがわかります。

本科に進学すると、ヴァイオリンの担当はディットリヒになります。愛さんを含む、専修部二年八名には、「Wichtl Ⅰ. Ⅱ」「Spohr Ⅰ」「Kayser Ⅰ」から、各生徒に対して課題が出されています。同様に、専修部一年六名に対しては、「Bartak Ⅰ. Ⅱ. Ⅲ」「Wichtl Ⅰ」からの出題でした。この頃、東京音楽学校を訪れたオーストリア人のテルシャック博士は同校生徒の学習状況について、このような感想を寄せています。

…同校二年生中村松嬢はスポーア氏の教科書第一巻第六を演ず其奏楽の体裁■に純良なり岩原嬢は勇気を奮ひ著名なる音調を発してウイヒテル氏の教科書中より一課を奏したり石岡嬢は更に柔和なる性質を具ふる者の如くに見受けたりしが又スポーア氏の教科書中第一巻の第十二を能く奏し得て稍其労を覚ふるまでに至りたり…

（「音楽学校参観記」『音楽雑誌』第一号、一八九〇年九月、六頁、傍線は引用者によります）

試験の課題とされている「シュポーア」や「ウィヒテル」の名が見られます。この記事からは、愛さん（史料中では「岩原嬢」）が課題曲に勇んで挑戦する様子も伝わってきます。

vii）音楽史

音楽史は専修部一年および師範部一年の科目で、神津専三郎が担当しました。明治二二年度の期末試験では、「佛国ノオペラハ重ニ《ママ》如何ナル人ニ由テ興リシヤ」「神楽執行ノ趣ヲ略述スベシ」「雅楽トハ如何ナルモノナルヤ」「俗楽トハ如何ナルモノノヤ」の四題が出題されています。西洋音楽（フランスのオペラ）についての問題が出される一方で、当時の日本音楽の動向を知っておかなければわからない問題が三題出題されているのは、注目に値します。主に西洋音楽の専門教育を行う東京音楽学校において、日本の音楽が重要視されていたことが試験問題から垣間見えるのです。

明治二〇年代の東京音楽学校の生徒たちが日々どのようなことを学んでいたのか、その実際を細かく知ることは難しいです。各人が何を学習したか、その実態は、個人が日記でもつけていない限り、楽譜になされた書き込みから、「演奏がなされたこと」を知ることができる程度です。一方、試験については公的な記録として、今回のケースのように遺されている可能性があります。試験に関する史料からは、学習内容の一部しか知ることができません。しかし、試験というのは学習の目標とするもの、到達点をはかるものです。個人の習熟度を知ることができるのみならず、学校側（教員）が重要視していたことが何か、知ることもできるのです。

愛さんの写譜

東京音楽学校では、予科で音楽の基礎を学んだうえで本科（専修部もしくは師範部）へ進学します。予科では、写譜といって、楽譜を写し取ることも学習の一つでした。ここでは、ご令孫の長《ちょう》恭子《きょうこ》さんよりご提供いただいた、愛さんの写譜を見ていくことで、東京音楽学校での学習の一端をのぞいてみることにします。恭子さんからは、愛さんによる写譜と三組の輸入楽譜を提供していただきました。愛さんの写譜は、縦三四・七cm×横二四・五cmで、共益商社の五線紙に、台紙（表・裏表紙）が付けられています。現在東京藝術大学附属図書館に所蔵されている、明治期の東京音楽学校が所蔵した楽譜の中には、この種の台紙を付けた類似の体裁のものが多数見られます。当時は、楽譜に台紙を付けることが一般的だったのでしょう。表紙を開いたところには、「Collection of Pieces for Violin with Piano. Ai Iwahara.」と筆記体で書かれています（印影①）。愛さんが書き写していた曲は表Ⅱ-④に示した一六曲です。

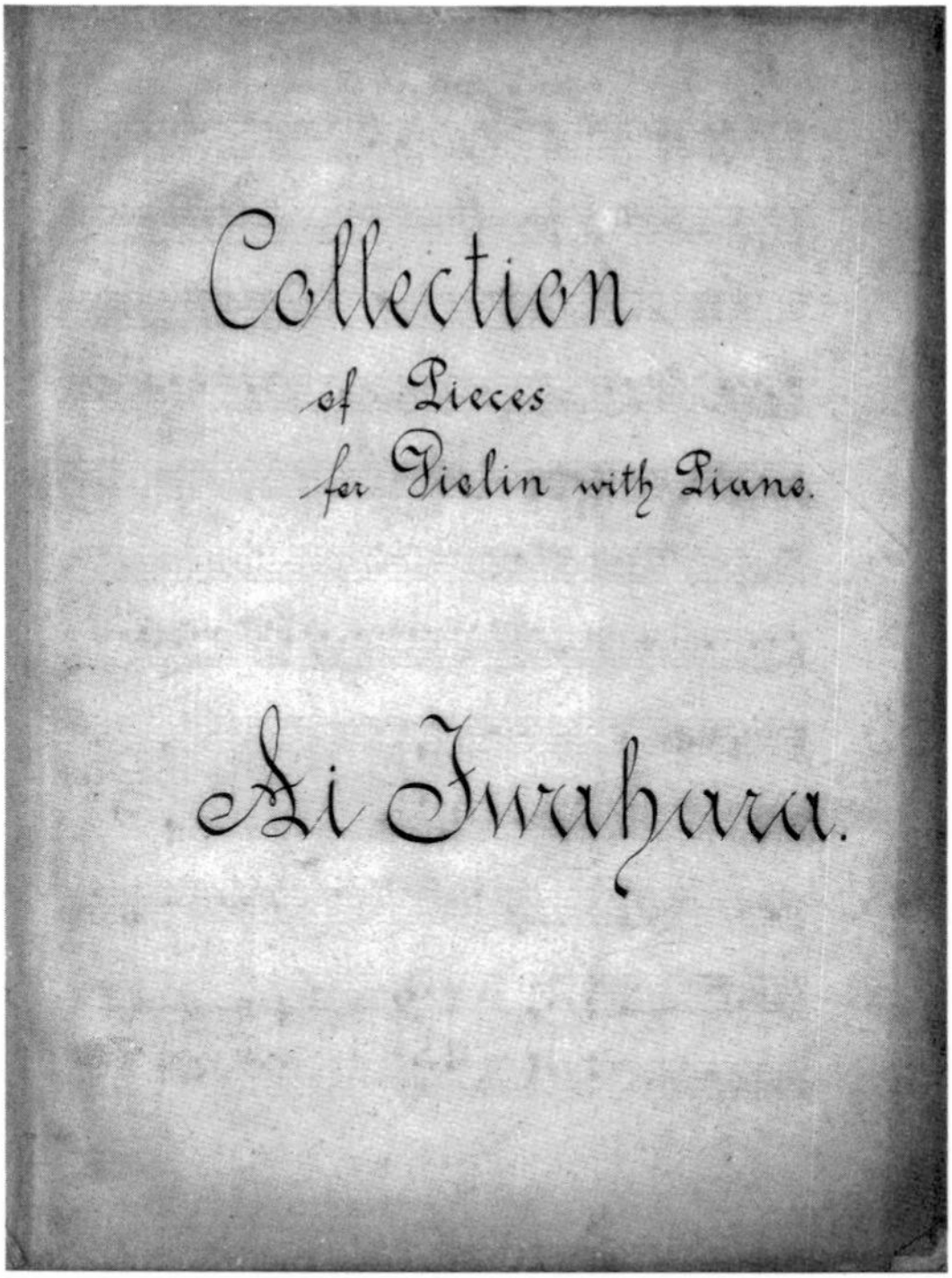

印影①　愛さんによる写譜の中表紙

表Ⅱ－④　愛さんが写譜をした楽曲（収録順）

	曲名	作曲者	形態	備考
①	Erinnerung an Alterua（不明曲）		ヴァイオリン・ピアノ	
②	Romance sans Paroles（不明曲）		ヴァイオリン（or チェロ）・ピアノ	op.20
③	不明曲		弦楽四重奏（ヴァイオリン？）	
④	不明曲		弦楽四重奏（ヴァイオリン？）	
⑤	［ラルゴ］	ヘンデル	ヴァイオリン・ピアノ	
⑥	Long without words	チャイコフスキー	ヴァイオリン・ピアノ	
⑦	不明曲		ヴァイオリン・ピアノ	
⑧	不明曲		ヴァイオリン・ピアノ	
⑨	BERCEUSE	D. アラール	ヴァイオリン・ピアノ	Op.49 Cah8 No.12
⑩	［アヴェ・マリア］	バッハ＝グノー	ヴァイオリン・ピアノ	
⑪	Andantino de Mozart	J.Armingsud か	ヴァイオリン・ピアノ	
⑫	L’ Elisire	Ch. ダンクラ	ヴァイオリン・ピアノ	Op.83,No.4
⑬	Romance	F. ラウプ	ヴァイオリン・ピアノ	Op.7
⑭	Marche Nuptiale	F. メンデルスゾーン	ピアノ４手連弾	結婚行進曲
⑮	Les trios sœurs AIR DE HÆNDEL	Ch. ツェルニー	ピアノ６手連弾	Op.109
⑯	Les trios sœurs AIR DE CHESSE	Ch. ツェルニー	ピアノ６手連弾	Op.109

音楽学習にあたって写譜を行うことは、音楽取調掛時代から見られます。私も以前、京都から音楽取調掛に派遣された女子教員が遺した手書きの楽譜について検討しました（前掲、「音楽取調掛における唱歌伝習の実際―伝習が遺した「譜面」を手掛かりとして―」）。また、幸田延も緻密な写譜を遺しています（幸田延子「私の半生」『音楽世界』第三巻第六号、一九三一年、三六～三七頁）。当時、写譜を行うということは、音楽学習の基礎であったばかりでなく、現代のようにコピー機で簡単に複写ができる時代ではありませんでしたので、楽曲を練習するにあたっては必要不可欠な作業だったのは先に述べた通りです。現在の大阪音楽大学を創立した永井幸次先生は、明治二五年に東京音楽学校に入学し、瓜生繁子にピアノを習っていた当時のことを次のように回想しています。

バイヤー〈『バイエルピアノ教則本』―筆者注〉を学校から借りて五線紙に写して勉強した。他の学生も皆写していた。写しつつ譜を読み、読んではひき、ひきつつ歌う習慣を養った。この習慣はよいと確信しているので、後に彼〈永井幸次自身―筆者注〉が生徒を指導する時には、このことを繰り返して云っている。

（永井幸次『来し方八十年』大阪音楽大学短期大学楽友会出版部、一九五四年、三三頁）

私も幼少期は練習している曲の写譜をしていました。その頃は、いわれるがまま書き写していただけでしたけれど、思い返せば、自ら譜面を書くことで、楽譜の構造についても学ぶきっかけになりました。五線譜が普及しはじめて間もない明治期のことですから、当時の東京音楽学校の生徒たちは写譜によって、多くの発見をしたことでしょう。

では、愛さんはこれら一六曲をどこから写し取ったのでしょうか。まず考えられるのは、在学していた東京音楽学校において、同校が所蔵していた楽譜を写し取ったということです。そこで、当時の東京音楽学校が所蔵した楽譜の中に、愛さんが写譜をした楽譜が含まれているか、調査をしました。東京音楽学校時代の蔵書は、平成一七～一九年度科学研究費補助金 基盤研究（B）「近代日本における音楽専門教育の成立と展開」、続く平成二〇～二三年度科学研究費補助金 基盤研究（B）「東京音楽学校の諸活動を通して見る日本近代音楽文化の成立―東アジアの視点を交えて」（研究代表者はいずれも東京藝術大学教授・大角欣矢）で調査がなされました。後者による調査には、私も研究補助者として調査に携わらせていただき、実際に東京音楽学校時代の楽譜を手に取って閲覧をする機会に恵まれました。初期の東京音楽学校の所蔵楽譜は、明治三六（一九〇三）年の図書受入原簿に「明治二八年四月一日受入」と一括して記され、このときの受入のもとになった同一八（一八八五）年の「楽譜仮名目録」に記載されている楽譜の受入番号一～六九二は、同二八（一八九五）年四月一日受入の一～六一七、同月一一日受入の六一八～六一九と一致しています（関根和江「音楽取調掛から東京音楽学校への軌跡―音楽取調掛時代楽譜受入・

所蔵状況」、大角欣矢編『近代日本における音楽専門教育の成立と展開』平成一七〜一九年度科学研究費補助金　基盤研究（Ｂ）研究成果報告書、二〇〇八年）。つまり、音楽取調掛の蔵書の一括受入にあたっては、明治二八年四月一日に「楽譜原簿」へ記載し、同月一一日には記載漏れを補充したということです。受入番号というのは、各図書・楽譜に付された番号のことで、その一番が付されたのが、先にも述べました現代日本でもピアノ初学者のテキストとされている『バイエル』でした。そして、「楽譜仮名目録」には、明治二八年三月までの図書・楽譜受入が順次書き足されてきたと考えられます。詳細な受入年月日は不明で、愛さんが東京音楽学校に在学していた時期よりも後の受入楽譜も多少含まれることが否めないものの、明治二八年四月以前の受入楽譜を今回の調査対象としました。これらの調査対象楽譜の中から、現物を確認する楽譜を抽出するにあたっては、先の科学研究費補助金によって作成されたデータベースを利用しました。この「東京音楽学校所蔵楽譜データベース」は東京藝術大学音楽学部楽理科公式ウェブサイトからのアクセスが可能です。調査対象の楽譜をリストアップするために、「ヴァイオリン教則本」「ヴァイオリン独奏」「ピアノ4手以上」の分類において、楽譜の請求記号を検索し、附属図書館にて出納を依頼しました。

楽譜の調査の結果、愛さんの写譜のうち、明らかにこの楽譜をもとに写し取ったとわかったのは、⑨BERCEUSE（D．アラール）、⑮Les trios sœurs AIR DE HÆNDEL（Ch．ツェルニー）、⑯Les trios sœurs AIR DE CHESSE（Ch．ツェルニー）の三曲のみでした。⑨BERCEUSE（D．アラール）は、Alard, D. Compositisons pour Violin. Propriété de l'Editeur. Johann André, Offenbach.（請求記号ＶＰ５）に収録されていました。東京音楽学校に受け入れられた本書は、No.12 BERCEUSEとNo.13 TYROLIENNEのみを収録していました。当時の所蔵楽譜を見ていると、曲集の目次と譜面に表紙が付けられ、表紙をめくったところにある目次の収録曲に印が付けられているケースが多いことがわかります。そのように、請求記号ＶＰ５が付された本書も二曲のみの収録となっていました。愛さんの写譜（楽譜①－ａ）は、東京音楽学校所蔵楽譜（楽譜①－ｂ）と装丁も酷似しているだけでなく、東京音楽学校所蔵楽譜上で変更が書き込まれた記号の表記や、追加された指番号の一部も愛さんはしっかりと写し取っていました。八・九小節目の記号や指番号です。これらから、愛さんがこの楽譜①－ｂを元に写譜をしたことは明らかです。なお、楽譜①－ａは裏のインクが滲んでいてわかりにくくなっているものの、一段目はすべての小節が全休符になっています。

楽譜①-a　愛さんによる《BERCEUSE》の写譜

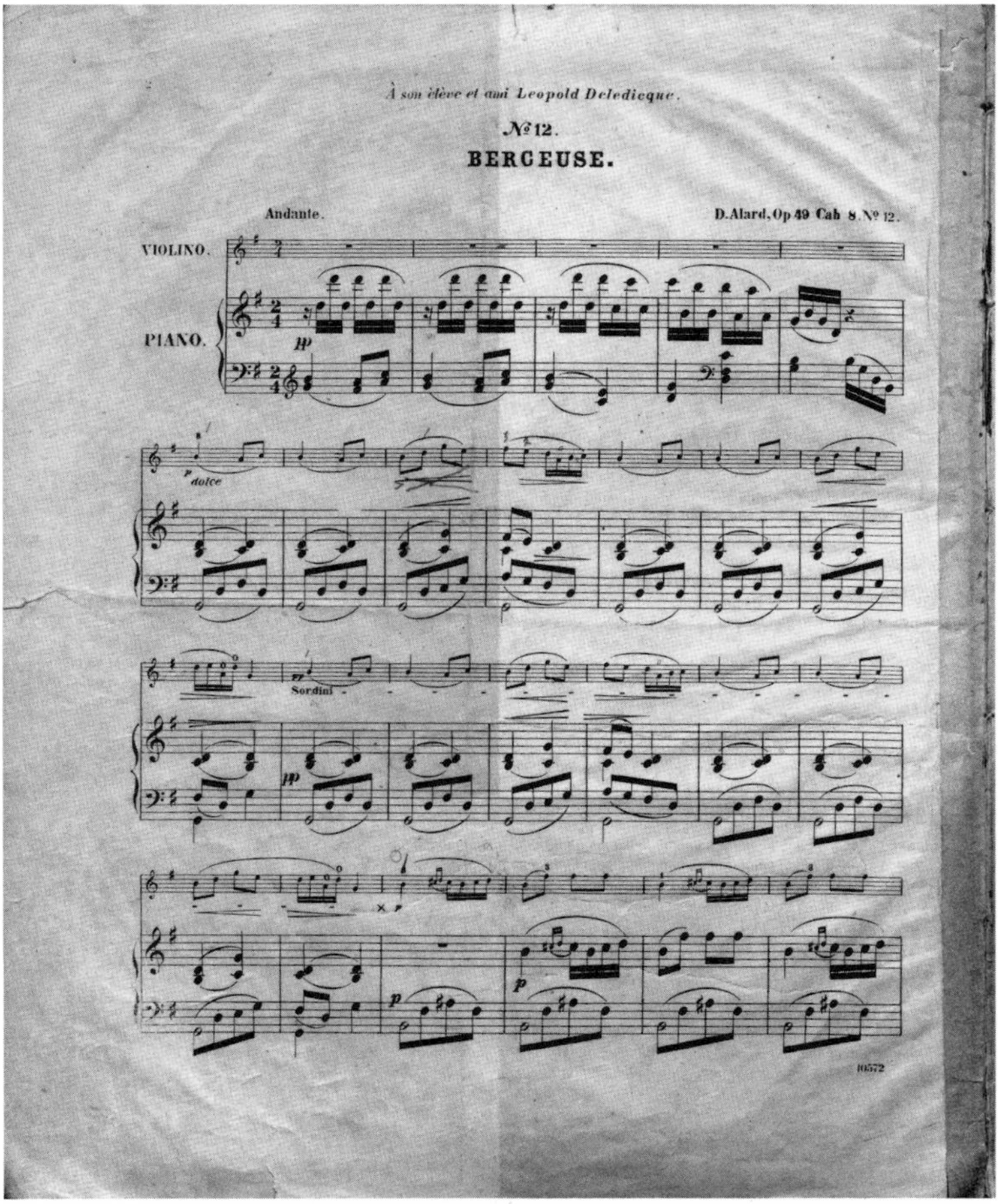

楽譜①-b　東京音楽学校所蔵楽譜の《BERCEUSE》
（Alard, D. Compositisons pour Violin. Propriété de l'Editeur. Johann Andre. Offenbach、東京藝術大学附属図書館所蔵）

しかし、残りのヴァイオリン独奏曲一〇曲については、東京音楽学校所蔵楽譜からは同一曲を見つけ出すことができませんでした。③④の楽曲は、弦楽四重奏曲（ヴァイオリン四重奏？）であり、該当する形態の楽譜は所蔵されていませんでした。そのほか、愛さんが写譜をしたヴァイオリン独奏曲のうち、①②⑥⑪⑫⑬は、曲名も書き写されていました。東京音楽学校所蔵楽譜と一致した⑨や、後述する⑮⑯も曲名など曲の情報をしっかりと写し取っていることから考えても、これら六件の曲名等も元の楽譜からそのまま写し取ったものだと考えられます。

では、写し取ったヴァイオリン独奏曲について、まずは曲名が明記されているものを順に見ていきましょう。⑥Long without wordsは、チャイコフスキーのピアノ曲『ハープサルの思い出』中の《無言歌》を、ヴァイオリン用に編曲したものです。⑫L'Elisireは、Ch．ダンクラのヴァイオリン曲です。東京音楽学校は、ダンクラの楽譜を三件所有していたものの、いずれもOp．89の楽曲で、⑫の曲とは一致しませんでした。先に述べたように、愛さんの在学当時の東京音楽学校でヴァイオリンの指導にあたっていたのはディットリヒです。幸田延さんは、明治後期になってからウィーン音楽院でヴァイオリンのレッスンを見学していて、ダンクラの練習曲が取り上げられていることを日記に記しています（一九一〇年四月六日の日記、瀧井敬子・平高典子編著『幸田延の「滞欧日記」』東京藝術大学出版会、二〇一二年、原文翻刻一一五頁、翻訳三二三頁）。そのため、ディットリヒが指導していた当時の東京音楽学校のヴァイオリンのレッスンにおいても、学校が所有していた楽譜以外のダンクラのヴァイオリン曲が取り上げられていたのでしょう。⑬Romanceは、F．ラウプの《ロマンス》イ長調です。表Ⅱ-⑦（八五頁）にもあるように、明治二二（一八八九）年七月の東京音楽学校卒業式において、《ロマンス》を演奏しているものの、作曲者が異なるため、これらは別の曲なのでしょう。①Erinnerung an Alterua、②Romance sans Parolesについては、詳細が不明です。

次に、写譜の冒頭に曲名が明記されていなかったヴァイオリン独奏曲について見ていきましょう。⑤はヘンデルのオペラ『クセルクス［セルセ］』中のアリア《ラルゴ》です。東京音楽学校所蔵楽譜の中には、ヘンデルの楽曲をヴァイオリン用に編曲された楽譜が散見されました。しかし、今回の調査では、同曲のヴァイオリン編曲楽譜は発見できませんでした。東京音楽学校所蔵楽譜データベースによると、除籍されている請求記号ＶＰ34の楽譜はヘンデルのAriosoでした。東京藝術大学音楽研究センターの関根和江先生（当時、なお現在同センターは音楽総合研究センターと改称されています）に、「楽譜仮名目録」の複写（原本は東京藝術大学附属図書館所蔵）を見せていただき、「Händel, G. F. -Arioso」としてその所在を確認することができました。この除籍されたＶＰ34の楽譜が、ヘンデルのアリアをヴァイオリン独奏用に編曲した楽譜集だとすると、愛さんが写譜をした元の楽譜が収録されていた可能性が高いです。「楽譜仮名目録」には出版社名が明記されていないため、楽譜そのものを特定することができず、愛さんの写譜を東京音楽学校所蔵楽譜と同一の楽譜と照合することは叶いませんでした。⑩は、J．S．バッハの『平均律クラヴィーア曲集』第一巻の第一番《プレリュード》を伴奏として、グノーが旋律を付した《Ave Maria》です。⑦⑧の楽曲の詳細は現在のところわかりません。

ヴァイオリンを専攻していた愛さんは、ピアノの楽譜も三曲書き写していました。先に述べたように、当時の東京音楽学校専修部の課程や試験の内容によると、愛さんがカリキュラム上ピアノを学習したのは専修部の一年目までということになります。ヴァイオリンを専攻する大学院生（当時）に楽譜を見ていただいたところ、写譜をしている一一曲のヴァイオリン独奏曲はそれほど難易度が高くないということだったので、これらの写譜は本格的にヴァイオリンの学習に取り組むようになる前、予科から専修部進学間もない時期に、書き写されたと考えられます。ピアノの楽譜を写し取ったのもおそらく同時期でしょう。もっとも、愛さんは瓜生家に下宿し、繁子とも仲が良かったということですから、正課の時間外にピアノを学習、または弾いていたことは大いに考えられます。とはいえ、校外で「余人」に就いて学習することは禁止されていた（「東京音楽学校規則」入学、在学、退学　第八條）ため、愛さんのピアノ学習歴については推測の域を出ません。⑭Marche Nuptialeは、メンデルスゾーンのピアノ連弾用楽譜です。⑮⑯はそれぞれ、写譜の前に五線紙ページ分を使ってタイトルが示されていました（印影②-a）。これらのタイトルは、東京音楽学校所蔵楽譜の*L'ORCHESTRE AU SALON COLLECTION DE MORCEAUX A SIX MAINS Sur le même Piano PAR Divers Auteurs.* Paris, HENRY LEMOINE Editur の表紙（印影②-b）と酷似していることから、同書に収録された楽譜を書き写したことが明らかです。印影②-bは請求記号P.DUO16の目次です。請求記号P.DUO16の目次では、「AIR DE CHESSE」に印が付けられており、この目次とともに同曲の譜面のみが表紙を付して製本されていました。請求記号P.DUO79の目次には、「AIR HÆNDEL」に印が付けられ、同様にこの目次と該当曲の譜面のみが表紙付きで製本されています。なお、請求記号P.DUO79の目次は、請求記号P.DUO16の表紙に、No,23～33が加えられているという違いがありました。ツェルニーが編曲したLes trios sœurs, 6rondosに含まれる《AIR DE HÆNDEL》《AIR DE CHESSE》の二曲は、ピアノ六手連弾用の編曲楽譜です。⑮はヘンデルのオラトリオ『ユダ・マカバイ［ユダス・マカベウス］』中の有名な楽曲をツェルニーが編曲したものです。楽譜②-aは愛さんが写譜をしたツェルニーの六手連弾曲の冒頭部分、楽譜②-bは同曲の東京音楽学校所蔵楽譜の冒頭ページです。これらを比較すると若干の相違は見られるものの、東京音楽学校所蔵楽譜をもとに愛さんが書き写したことが明らかでしょう。

東京音楽学校所蔵楽譜を調査することで、愛さんは少なくとも三曲の東京音楽学校所蔵楽譜を書き写していたとわかりました。しかし、書き写していた一六曲のうち、残り一三

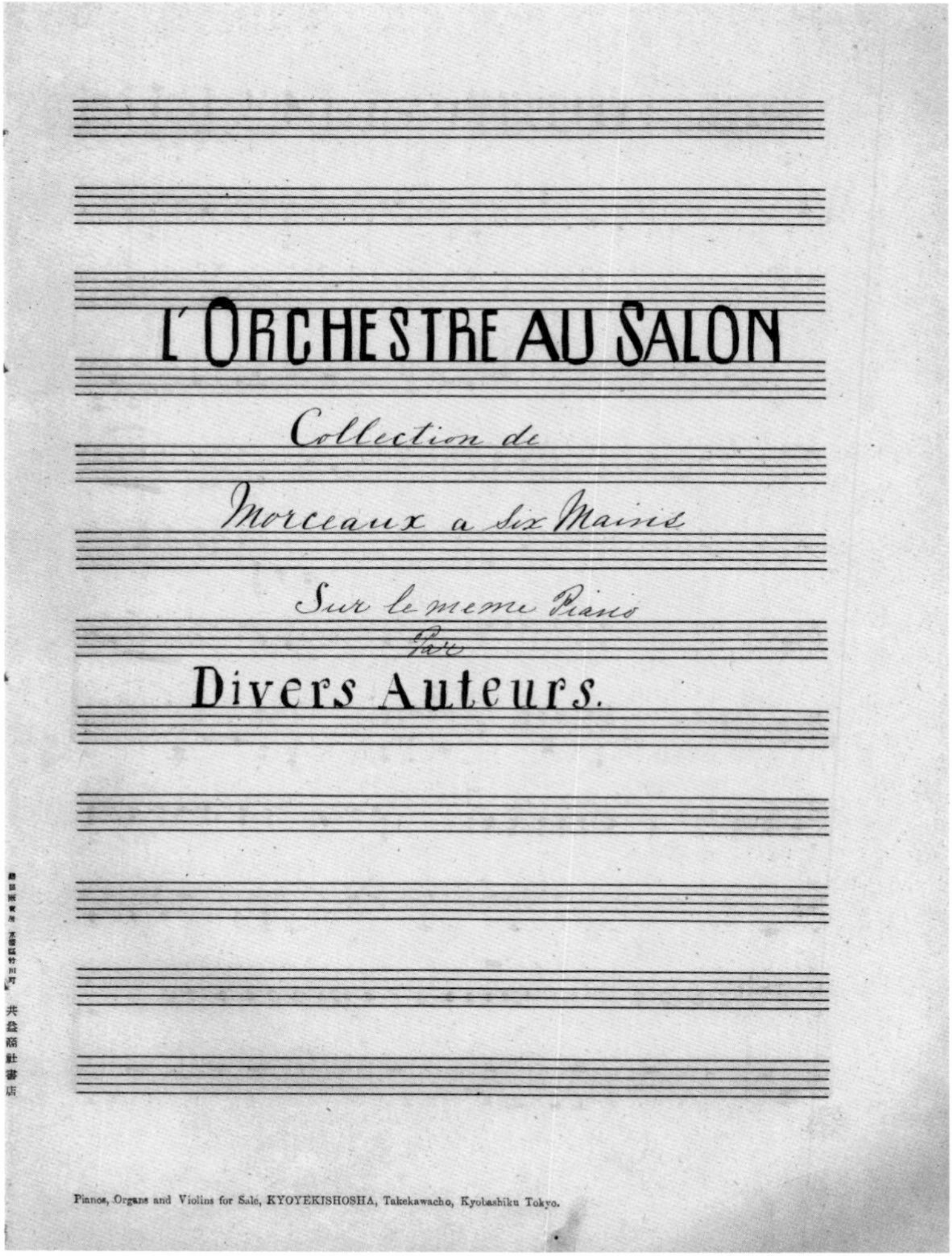

印影②-a　愛さんによる表紙の写し

印影②-b　東京音楽学校所蔵楽譜の表紙
（*L'ORCHESTRE AU SATON COLLECTION DE MORCEAUX A SIX MAINS Sur le même Piano PAR Divers Auteurs.* Paris, HENRY LEMOINE Éditur、東京藝術大学附属図書館所蔵）

楽譜②-a　愛さんによる《AIR DE HÆNDEL》（P70-71）の写譜

Ch: Czerny Op: 609
Les Trois Soeurs.
Parte 3za
Allegro Moderato.
p e ben sostenuto
crescc.
Parte 2da
Allegro Moderato.
e ben marcato.
p e ben sostenuto.

楽譜②-b　東京音楽学校所蔵楽譜の《AIR DE HÆNDEL》
（*L'ORCHESTRE AU SATON COLLECTION DE MORCEAUX A SIX MAINS Sur le même Piano PAR Divers Auteurs.* Paris, HENRY LEMOINE Éditur、東京藝術大学附属図書館所蔵）

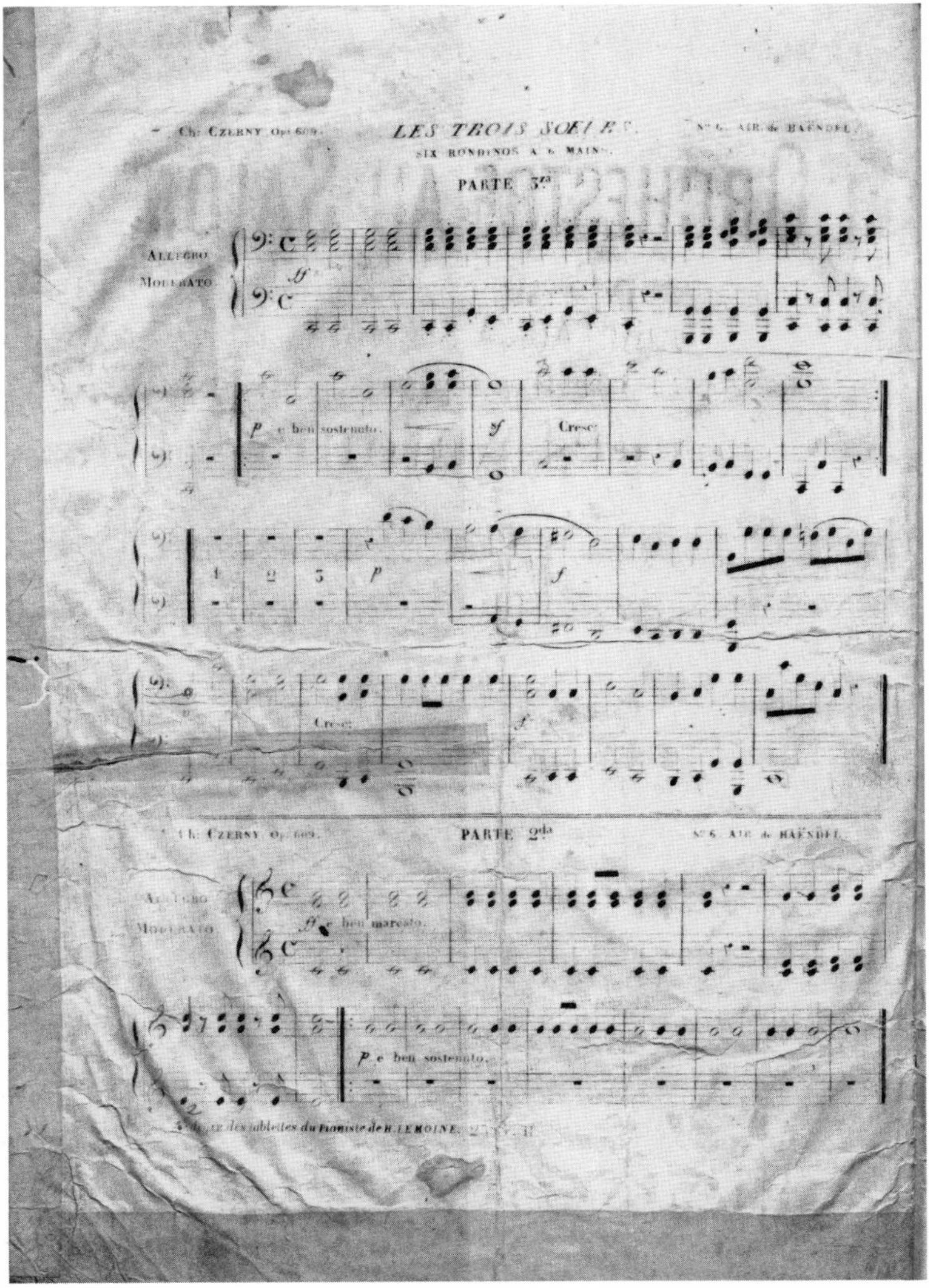
Ch: CZERNY Op: 609.
LES TROIS SOEURS
SIX RONDINOS A 6 MAINS
N° 6. AIR de HAENDEL
PARTE 3
ALLEGRO MODERATO
p e ben sostenuto.
Cresc
PARTE 2da
e ben marcato.
p e ben sostenuto.

曲は一体どこから書き写したのでしょうか。当時の東京音楽学校が所蔵した楽譜の中には、売却その他の理由で除籍されたものや、現在にいたるまでに紛失したものもあります。第一に考えられるのは、それらの失った楽譜の中に、愛さんが写譜をした元の楽譜が含まれていたということです。第二に、愛さんたち東京音楽学校の生徒にヴァイオリンを指導していたディットリヒ個人が所有していた楽譜を借りて、書き写したとも考えられます。愛さんが専修部二年次の期末試験においては、ヴァイオリンの試験曲として、「Largo by Händel」や「Song without words by Tschaikovsky」がありました（前掲「明治二十三年七月　学年末試験書類綴　東京音楽学校」）。つまり、当時の東京音楽学校のヴァイオリンのレッスンでは、愛さんが写譜をしていた、ヘンデルの《ラルゴ》やチャイコフスキーの《無言歌》が学習されていたことはわかっています。そして、愛さんは、これらの写譜の他に、少なくとも三組のヴァイオリン楽譜を所有していました。しかし、明治二〇年代前半という時期から考えて、写譜の典拠は、東京音楽学校所蔵楽譜もしくはディットリヒ個人所有の楽譜と考えるのが妥当でしょう。

愛さんが所有していた輸入楽譜は、*MARCHES CÉLÈBRES TRANSCRITES POUR VIOLON ET PIANO*（BRAUNSCHHWEIG. HENRY LITOLFF'S VERLAG）（楽譜Ⅰ・印影③）、*MOZART Sonaten.*（*Sonates.*・*Sonatas*）*Piano* & *Violine*（COLLECTION

LITOLFF No.333)（NOUVELLE EDITION soigneusement revue par J. N. RAUCH. BRAUSCHWEIG. HENRY LITOLFF'S VERLAG）（楽譜Ⅱ・印影④）、*BOOSEY'S CELEBRATED SOLOS AND Air with Variations FOR THE VIOLIN : ARRANGED BY FRANK MUSGRAVE*（LONDON : BOOSEY AND CO. 295, REGENT STREET. NEW YORK : WILLIAMA. POND AND CO.）（楽譜Ⅲ・印影⑤）の三点です。

楽譜Ⅰは、マーチの曲集で、ヴァイオリン譜とピアノ伴奏譜が一組になっています。収録曲は表Ⅱ-⑤の二〇曲です。こちら二〇曲のうち、1（ベートーヴェン《トルコ行進曲》）、3（メンデルスゾーン《結婚行進曲》）、9（シューベルト《軍隊行進曲》）には、鉛筆で指番号の書き込みがされていました。そのため、少なくともこれら三曲は、愛さんが取り組んだ楽曲であることがわかります。

楽譜Ⅱは、リトルフ社のシリーズものの楽譜で、同じくヴァイオリン譜とピアノ伴奏譜が一組になっていて、そのうちヴァイオリン譜の裏表紙は欠損していました。収録されているのは、モーツァルトのヴァイオリンソナタ計一八曲です。この楽譜には書き込みが見られなかったので、愛さんがどの楽曲を演奏したのかわかりません。

楽譜Ⅲは、ヴァイオリン楽譜のみで、一頁目に「岩原」の印がありました。また、表紙の裏には「FROM ZP.MARUZYA &CO.」（日本橋通三町目丸善）のシールが貼られていたので、丸善が輸入した楽譜を購入したと考えられます。収録されているのは、表Ⅱ-⑥

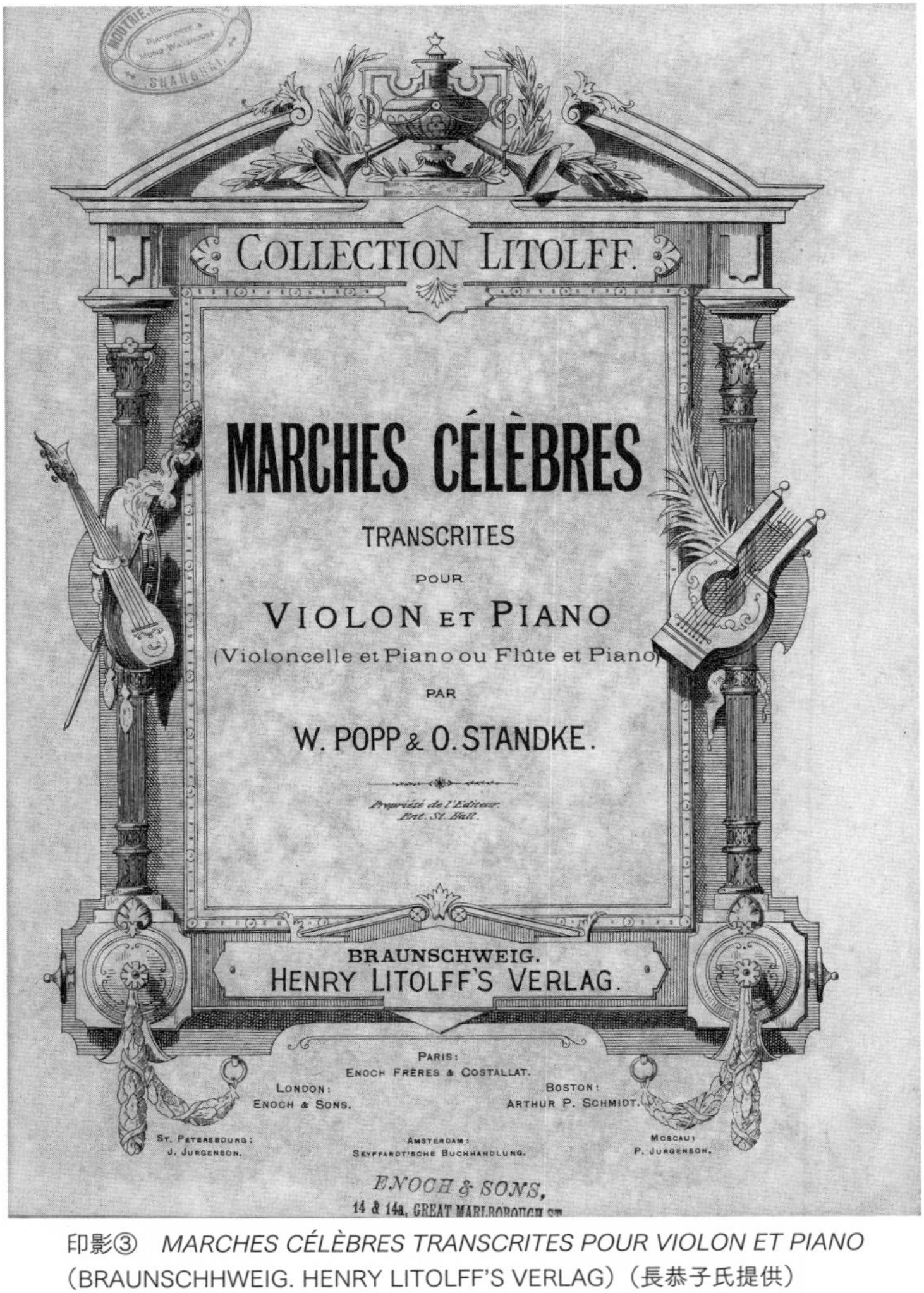

印影③　*MARCHES CÉLÈBRES TRANSCRITES POUR VIOLON ET PIANO*
(BRAUNSCHHWEIG. HENRY LITOLFF'S VERLAG)（長恭子氏提供）

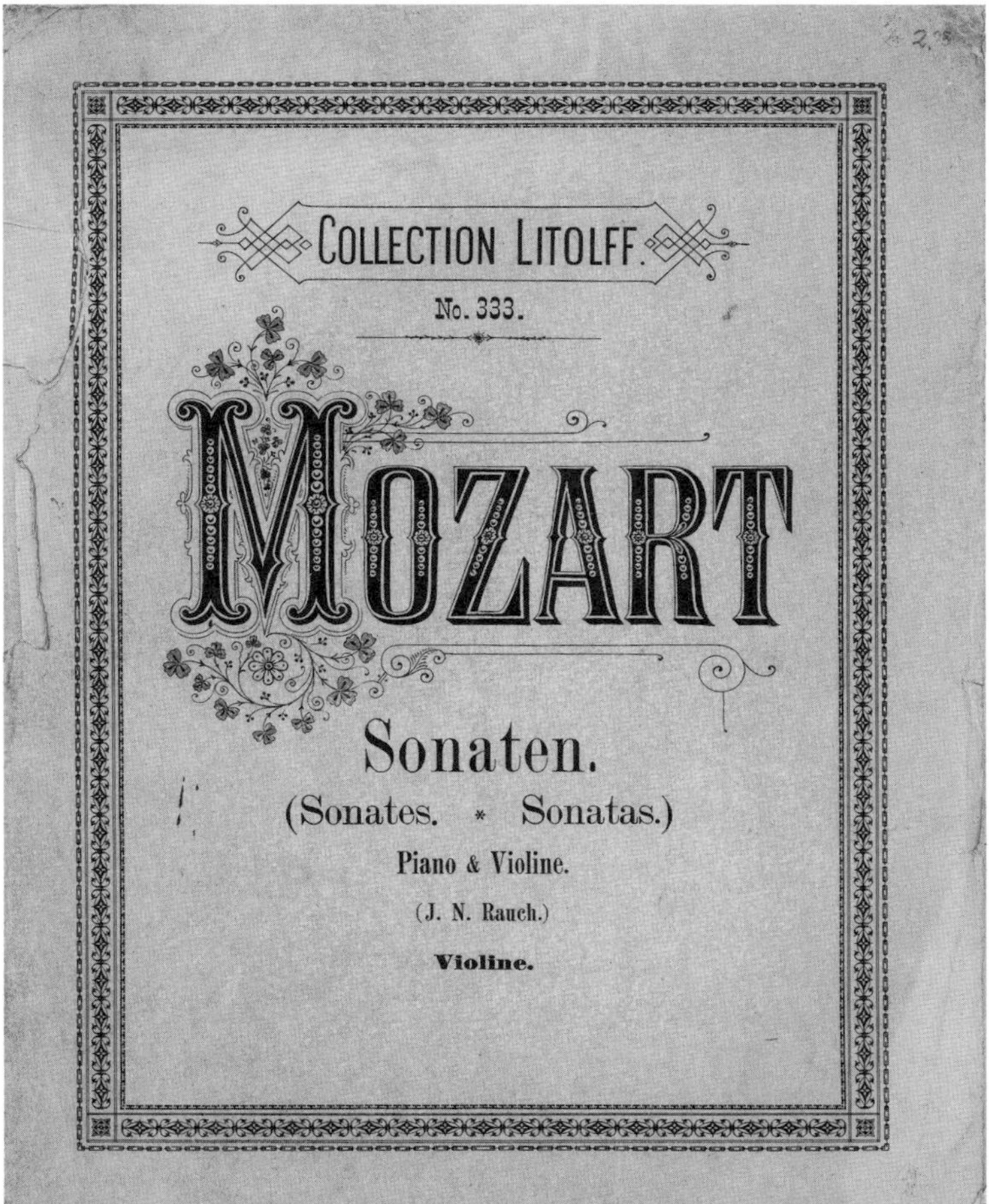

印影④　*MOZART Sonaten.（Sonates.・Sonatas）Piano & Violine（COLLECTION LITOLFF No.333）*（NOUVELLE EDITION soigneusement revue par J. N. RAUCH. BRAUSCHWEIG. HENRY LITOLFF'S VERLAG）（長恭子氏提供）

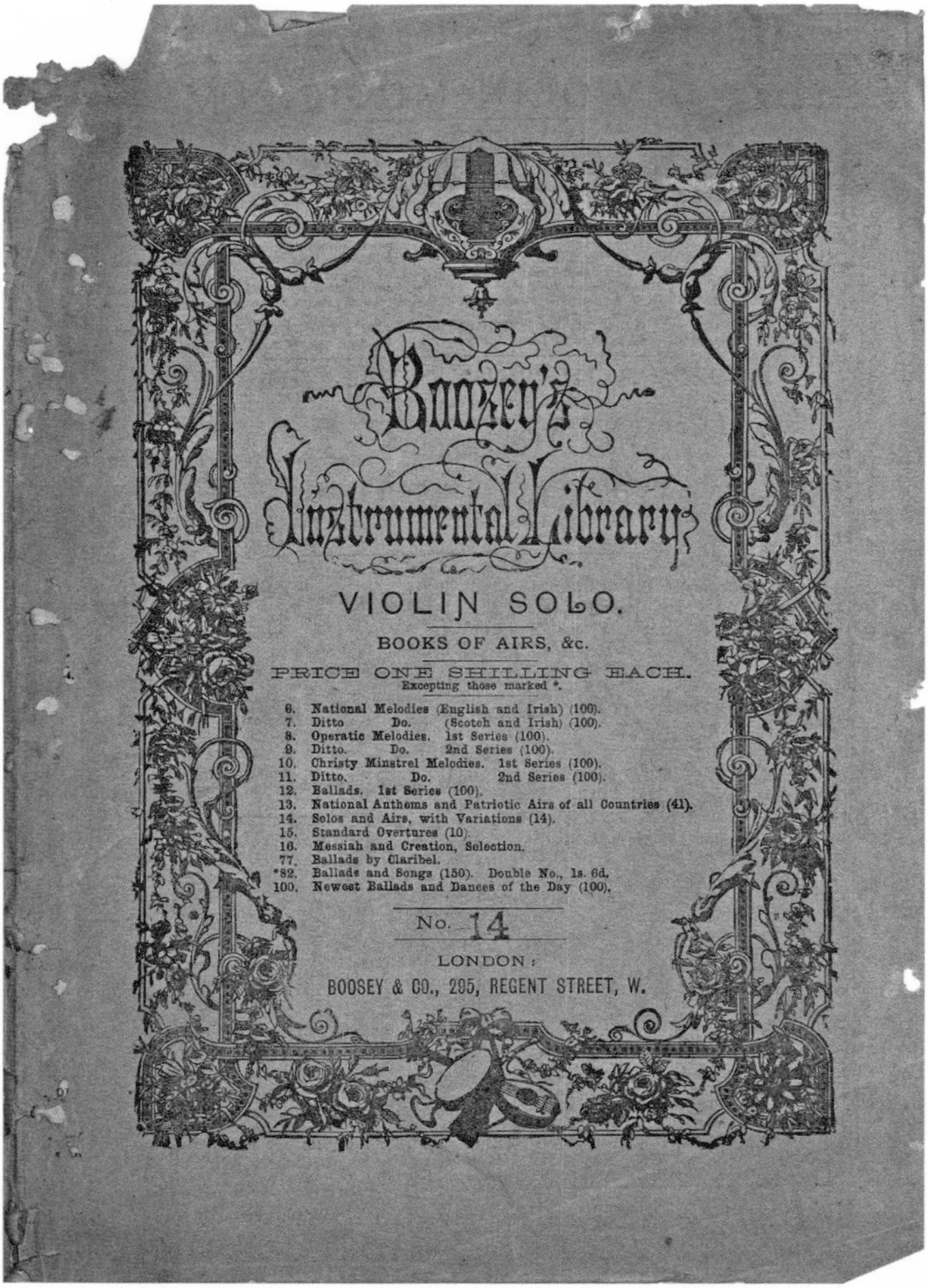

印影⑤　*BOOSEY'S CELEBRATED SOLOS AND Air with Variations FOR THE VIOLIN*：*ARRANGED BY FRANK MUSGRAVE*（LONDON：BOOSEY AND CO. 295, REGENT STREET. NEW YORK：WILLIAMA. POND AND CO.）（長恭子氏提供）

表II-⑤　*MARCHES CÉLÈBRES TRANSCRITES POUR VIOLON ET PIANO* 収録曲

	曲名	作曲者	書き込み
1	Marche des Ruines d'Athènes	ベートーヴェン	○
2	Marche Funèbre de la Sonate Op. 26	ベートーヴェン	
3	Marche Nuptiale du Sogne d'une Nuit d'Été	メンデルスゾーン	○
4	Marche Religieuse d'Alceste	グラック	
5	Marche d'Antoine et Cléopâtre	ブラモン	
6	Dead-March from Saul	ヘンデル	
7	Marche de Titus	モーツァルト	
8	Marche de Riccardo	ヘンデル	
9	Marche Militaire	シューベルト	○
10	Marsch aus dem Concertstück	ウェーバー	
11	Marche d'Alexandre I		
12	Dessauer-Marsch		
13	Coburger-Marsch		
14	Torgauer-Marsch		
15	Hohenfriedberger-Marsch		
16	The British Grenadiers		
17	March of the Men of Harlech		
18	Marche du Régiment Préobragensky de la Garde Inpériale Russe		
19	Marche des Cosaques de la Garde		
20	Marche de Rakoczy		

の一四曲です。これらの楽譜にも書き込みは見られなかったので、楽譜IIIと同様にどの楽曲を演奏したのかはわかりません。

明治二〇年代という時代は、輸入された楽譜を所有することは、限られた者にしかできなかったはずです。そのため、愛さんは必要な楽曲の写譜を行い、「Collection」と題して表紙を付して所有したのです。東京音楽学校の予科では、写譜もカリキュラムの中に組み込

表Ⅱ-⑥ *BOOSEY'S CELEBRATED SOLOS AND Air with Variations FOR THE VIOLIN:ARRANGED BY FRANK MUSGRAVE* 収録曲

	曲名	作曲者（表記のママ）
1	Rode's Air with Variations.	
2	Vivaldi's Celebrated Cuckoo solo.	VIVAL
3	Non piu mesta, Air with Variations	
4	Cease your Funning, Air with Variations	
5	The Shadow Air from Dinorah, with Variations	MEVERBEER
6	"Santa Lucia.", Neapolitan Canzonet with Variations	
7	A Sympathizing Heart(Ruy Blas), with Variations	
8	The Last Rose of Summer, with Variations	
9	My lodging is on the cold ground, with Variations	
10	Under the Willow she's Sleeping, Christy's Song with Variations	
11	The Carnaval of Venise, Solo with Variations	
12	I'd choose to be a Daisy, Air with Variations	
13	Kiss Me Quick and Go, Christy's Song with Variations	BY FRANK MUSGRAVE
14	THE RONDO ARRAGONAISE, from Le Domino Noir, Solo	

まれていたので、写譜の学習も兼ねて、楽譜を装丁も真似るほど丁寧に写し取りました。その後、本科でヴァイオリンを専攻することが決まってからは、自身による写譜に加えてこれら三組の楽譜を所持したのでしょう。愛さんの遺品からは、初期の東京音楽学校の生徒が、どのように楽譜を所有していたのかを垣間見ることができます。

演奏会に出演

東京音楽学校で音楽、とりわけヴァイオリンと声楽の専門教育を受けた愛さんは、同校在学中に多くの演奏会に出演しました。「東京音楽学校規則」では、「生徒本校在学中ハ何レノ場所ヲ問ハズ校外ニ在テ其学芸ヲ他人ノ前ニ演ズルヲ許サズ」（入学、在学、退学　第八條）と規定されていました。つまり、東京音楽学校生徒の学外での演奏活動は原則禁止されていたのです。しかし、「特ニ学校長ノ許可ヲ得タル場合ハ此限ニアラズ」（同）との但し書きがついていて、校長の許可が得られた場合は、学外での演奏が認められたので、愛さんの演奏会等への出演は東京音楽学校公認のもの、ということになります。

表II-⑦（八五頁）は演奏会等で、愛さんがヴァイオリンを弾いたことが確認できたものです。なお、表II-⑦、表II-⑧ともに、東京音楽学校の生徒全員や学年全員による演奏は割愛しています。割愛した中で、一つ取り上げておきたいのが明治二二年一一月の日本音楽会での「ラルゴの曲（バイオリン独奏、各種バイオリン、風琴、洋琴合奏、作曲者ヘンデル氏、演奏者ヂトリヒ氏及東京音楽学校諸氏）」です（一八八九年一一月二一日付『東京日日新聞』）。明治二二年は、愛さんが専修部二年に在学していて、師のディットリヒとともにヴァイオリンを弾いたことは十分に考えられます。そして、先に述べたように、愛さんはこのヘンデルの《ラルゴ》を写譜していたのです。学習し、演奏会で合奏する曲の写譜をしたのでしょう。演奏曲目の中には、西洋音楽の曲目に混じって、「箏曲」も見られます。明治期の演奏会には、和楽器と洋楽器の合奏もよく見られます。現代でも、和と洋のコラボレーションを耳にすることはあり、それらは斬新に耳に響きます。そのような演奏形態は、実は明治期から行われていたのです。箏を弾いているのは幸田幸です。この先、ヴァイオリンで名を挙げていく彼女は、既に箏の素養を身に付けていたこともうかがえます。

表Ⅱ-⑧（八六頁）は、愛さんの声楽での演奏で確認ができたものです。声楽の所有楽譜は確認されておらず、さらに声がよかったというだけで、声楽を専攻したということもご遺族からは語られていません。そのため、愛さんが歌った手がかりは、当時の新聞・雑誌記事から得るしかありません。ご子息の秀彦さんが愛さんの声はアルトだったと語っているように、合唱では「中音」、つまり下のパートを担当しています。明治二三年二月の日本音楽会では、「伊太里語フイガロの婚姻歌劇中、スール、アリア」を「連唱」しています。これは、モーツァルトのオペラ《フィガロの結婚》第三幕の伯爵夫人とスザンナによる、いわゆる「手紙の二重唱」です。「スール、アリア」というのは、この重唱曲の冒頭部分の原語（イタリア語）の歌詞ですので、当時の唱歌が冒頭の歌詞を曲名として採用したように、西洋の楽曲も冒頭部分で呼ばれていたことがうかがえます。愛さんは、伯爵夫人のパート（下のパート）を歌いました。

学外での演奏は原則認められなかった当時、東京音楽学校内の演奏発表の場である紀元節祝賀会の様子からも、愛さんの実力をうかがうことができます。

東京音楽学校の紀元節祝賀会は午前九時半来賓生徒式場に臨み校員及生徒は君が代を謡ひ終て一同真影を奉拝し伊澤校長ハ起て勅語を奉読し終て休憩
同十時半又一同ハイオリン専修女生徒の奏楽ヂトリヒ氏の合奏次きに伊澤校長は左の演説せり
（中略）
次に生徒一同紀元節唱歌を謡ひ次で島田三郎氏の演説総生徒の皇御国及富士山の唱歌バイオリン及洋琴伴奏次に岩原愛子の独吟天津乙女次に根岸磯菜子及ヂトリヒ氏のマルタ歌劇の一部洋琴伴奏にて式終り散会せしは后一時三十分頃にてありし
（『音楽雑誌』第六号、一八九一年二月、一九〜二〇頁、史料中の（　）内の補足およびルビは省略）

ヴァイオリン専攻生が演奏し、東京音楽学校生徒皆が唱歌を歌い、合奏・合唱という演奏形態の中、首席の愛さんと次席の生徒はそれぞれ演奏を披露しています。これは、愛さんの演奏、とりわけ歌唱力が同校の生徒の中でも、特に優れたものであったことを示しているといえます。愛さんのヴァイオリンの独奏を確認できたのは、自身の卒業式における演奏のみです。一方で、演奏会等における独唱は四回にも上りました。堀内敬三『音楽五十年史』（鱒書房、一九四二年、一九一〜一九二頁）によると、明治二三年七月の東京音楽学校卒業式において、長谷川兼子と愛さんが「独唱唱歌」を演奏したのが、ディットリヒが指導した日本人による独唱のはじまりだといいます。このときの卒業式では、愛さんは卒業生ではありませんから、在学生の中でも実力が際立っていたことを思わせます。愛さんの歌唱力については、ご子息も次のように語っています。

終戦後何年だったか未だ母が存命中、「音楽の友」という雑誌に、鹿鳴館で幸田延子と岩原愛子が合唱したのが、我国独唱会の始りであるという記事が出たことがあった。私〔愛さんの長男・松本秀彦―筆者注〕が何を歌ったのかと尋ねると、メンデルスゾーンの「春の歌」だといったように覚えている。この記事が誤っていればその時母が否定したであろうが、しない所を見れば、鹿鳴館で歌ったことは確かであろうが、それが我国歌唱の皮切りであるということは果たして真であろうか。

それが何年何月であったか、その雑誌がないので記憶していないのは残念である。

（松本秀彦『母を語る』一一頁）

ご子息の回想には「合唱」と「独唱」の語意の混同も見られるため、実際に『音楽之友』を調査したところ、現存している雑誌からは該当する記事を発見することができませんでした。

鹿鳴館で幸田延とともに歌ったということを手掛かりに、この「独唱会」を探ってみましょう。鹿鳴館での演奏会といえば、「日本音楽会」である可能性が高いです。日本音楽会は、明治二〇年一月に鹿鳴館において開催された相談会で規約が定められ発足しました（『教育報知』第五二号、一八八七年一月二九日、七頁）。幹事長には鍋島直大、幹事には戸田氏共、岩倉共綱、伊澤修二、矢田部良吉、村岡範爲馳、ルルー、エッケルト、ソーブレー、四元義豊、中村祐庸、芝葛鎮が選ばれました。これらの人物は東京音楽学校、式部寮、海軍軍楽隊、陸軍軍楽隊という当時の日本における西洋音楽関係者です。日本音楽会では、その後たびたび演奏会を開催して西洋音楽の普及に努めたといいます（塚原康子『十九世紀の日本における西洋音楽の受容』多賀出版、一九九三年、二五七頁）。なお、日本音楽会については、藤本寛子氏の博士論文『日本音楽会の研究―明治中期の東京における音楽活動とその組織―』（お茶の水女子大学、二〇一二年）に詳しいです。藤本寛子「明治二〇年代の東京音楽学校と日本音楽会」（『お茶の水音楽論集』第八号、二〇〇六年）に掲載されている表「明治二〇年代（一八八七〜一八九七年）音楽取調掛および東京音楽学校関係者の日本音楽会出演状況」には、明治二一年一一月の日本音楽会第六回における愛さんと幸田延の二部合唱での出演が示されていました。同年一一月二九日付『東京日日新聞』には、日本音楽会のプログラムが掲載されていて、確かに愛さんは幸田延とともにメンデルスゾーン作曲の歌曲を歌っていました（表II-⑧）。ご子息が愛さんから聞いた演奏会は、この日本音楽会と考えてほぼ間違いありません。学外での演奏が禁止されている東京音楽学校の生徒でありながら、初の文部省の音楽留学生として留学前の幸田延とともに歌うとは、やはり愛さんの歌唱力が一定の評価を得ていたといえるでしょう。当時の愛さんは、東京音楽学校に入学（入学当初は音楽取調掛）してまだ一年半しか経っていなかったため、幸田延との共演は大抜擢でした。ご子息も瓜生氏（瓜生繁子）のピアノを借りて一緒に歌った時は、母の声はよかったと回想しています（松本秀彦『母を語る』三七頁）。

表II－⑦　愛さんの演奏発表（ヴァイオリン）

年月日	演奏会名等	演奏形態	曲目（作曲者）	共演者	出典
明治22年7月6日	東京音楽学校卒業証書授与式	ヴァイオリン曲（洋琴合奏）	《ロマンス》（ルース）	石岡得久子、久間和嘉子、宮崎玉子、村松秀子（ピアノ）遠山甲子	三浦俊三郎（1931）『本邦洋楽変遷史』218～220頁（日東書院）、典拠不明
明治23年2月27日	日本音楽会	バイオリン曲（洋琴伴奏）	ソナタ曲（ヂトリヒ）	東京音楽学校バイオリン専修生徒	『東京日日新聞』1890年2月23日
明治23年10月18日	第八回同好会	バイオリン	バイオリン曲（ヤンザ）	バイオリン専修生	『音楽雑誌』第2号33頁（1890年10月）
明治23年12月?	日本音楽会	バイオリン曲洋琴合奏	曲名不明（ヤンサ）	東京音楽学校バイオリン専修生	『音楽雑誌』第4号19～20頁（1890年12月）
		合奏バイオリン	（甲）リエンドレル古代舞楽（シヤルウエンカ）（乙）陽春歌（メンデルソーン）	東京音楽学校バイオリン専修生	
明治24年1月23日	第九回同好会	バイオリン	《アン・エーア》（バッハ）《アンプロンツー》（ハウゼル）	バイオリン専修三年生	『音楽雑誌』第5号17～18頁（1891年1月）
明治24年4月25日	日本音楽会	バイオリン洋琴合奏曲	（甲）春宵曲（乙）古代舞曲家エグウイル氏	東京音楽学校バイオリン専修生	『東京日日新聞』1891年4月22日
明治24年7月	東京音楽学校卒業式	バイオリン独奏	《ミニュエットセント》		『音楽雑誌』第11号21～23頁（1891年7月）
		バイオリン合奏（箏との合奏か）	箏曲《春の花》	卒業生女子（箏）幸田幸子、内田菊子	
明治24年8月	国家教育社大会合（大阪）	洋琴バイオリン合奏	不明	チトリー、宮崎たま子（いずれか又は両方）	『東京日日新聞』1891年8月14日

＊曲名及び作曲者の表記は原文のママ

表Ⅱ-⑧　愛さんの演奏発表（声楽）

年月日	演奏会名等	演奏形態	曲目（作曲者）	共演者	出典
明治21年7月7日	東京音楽学校演奏会	二部合唱	《夏の暁》	幸田、森、林、宇野、長谷川	三浦俊三郎（1931）『本邦洋楽変遷史』216 ～ 217頁（日東書院）、典拠不明
明治21年11月27日	日本音楽会	二部合唱歌	我が日本（メンデルソン）中邨作歌	幸田（延）	『東京日日新聞』1888年11月29日
		三部合唱歌	秋野の菊（ラーデンドルフ）中邨作歌	長谷川、森、林、村松、幸田	
明治22年7月6日	東京音楽学校卒業証書授与式	二部合唱（中音を担当）	《ゆめ》（メンデルゾーン）中村秋香作歌 《さらばや故郷》（メンデルゾーン）中村秋香作歌	高音 長谷川兼子 新井槙子 中音 滝川作子	三浦（1931）、前掲書、218 ～ 220頁、典拠不明
		独奏唱歌	《もり歌》（ヘルマン・エリア）中村秋香作歌		
明治22年11月20日	日本音楽会	独唱歌	《紅葉狩》（バウムガルヲネル） 《鳩》（シュミッド）		『東京日日新聞』1889年11月20日
明治23年1月23日	第九回同好会	独唱唱歌	《秋風》（シュミット）中村秋香作歌		『音楽雑誌』第5号17 ～ 18頁（1891年1月）
明治23年2月25日	日本音楽会	連唱	伊太里語フイガロの婚姻歌劇中、スール、アリア（モザルト）	芝井	『東京日日新聞』1890年2月23日
明治24年2月11日	東京音楽学校紀元節祝賀会	独り唱歌 独吟	《天津乙女》中村秋香作歌（新作）		『東京日日新聞』1891年2月13日 『音楽雑誌』第6号19 ～ 20頁（1891年2月）
明治24年3月14日	同好会	唱歌（連唱）	ガルタケビンヤンカルナ（伊太利語）	瀬川、荒井	『音楽雑誌』第7号17 ～ 18頁（1891年3月）

＊曲名及び作曲者の表記は原文のママ

Ⅲ　京都へ

研究科へ

東京音楽学校在学中より、学内外で演奏を披露するなど、華々しい活躍を見せていた愛さんは、明治二四（一八九一）年七月、同校を首席で卒業しました。松本家（愛さんの嫁ぎ先）と懇意の仲にあった諏訪光二郎さんによると、愛さんが卒業式で読み上げた謝辞が模範文範（正確な書名は不明、手紙や演説など模範文例を集めた書物）に載っているのを見た記憶があるということです（松本秀彦『母を語る』一五頁）。この模範文範は確認できないものの、東京藝術大学音楽学部音楽総合研究センター大学史史料室に所蔵されている「東京音楽学校明治廿三年々報」には、愛さんが卒業式に読んだ謝辞が綴じられていました。

私共ハ此度本校所定ノ学科ヲ卒業イタシマシテ今日卒業証書ヲ戴ク事ニ相成リマシタノハ誠ニ難有仕合ニ存シマス

私共ハ生来学理ニ暗ク芸術ニ拙キ者ニ御座リマシテ斯ル栄誉ヲ得ルニ堪ユル者デハアリマセヌガ幸今日ニ至リマシタノハ全ク校長閣下初メ諸先生方ノ厚キ御薫陶ニ由ル事ニ存シマス今又校長閣下ノ御諭ト文部大臣閣下ノ御訓辞ヲ頂キ有リ難キ事ニ存シマス

明治24年７月の東京音楽学校卒業生、前列右から４人目が愛さん、その隣がディットリヒ（東京藝術大学附属図書館所蔵）

私フヅ、カナガラ同窓ノ卒業生ト共ニ堅クチカヒマシテ益々勤メ益励ンデ御諭ト御訓辞トヲ守リ不断之ニ戻ラヌ様イタシマス

（「卒業生総代岩原愛子ノ謝辞」、前掲「東京音楽学校明治廿三年々報」所収）

現代の卒業式では、在校生が送辞を読むのに対して、卒業生の代表がそれに応える形で答辞を読み上げます。しかし、この当時の卒業式では、卒業生の代表が教師や父母など目上の者に対する感謝を「謝辞」として読み上げていました。愛さんは、校長・伊澤修二と来賓で列席していた文部大臣・大木喬任への感謝を読み上げました。明治期の卒業式については、有本真紀『卒

業式の歴史学』（講談社、二〇一三年）に詳しいです。また、この謝辞には、「芸術」という言葉が使われていることに注目したいです。この一〇年ほど前、唱歌を学校教育に導入するにあたっては、唱歌に対して芸術という認識すらありませんでした。しかし、明治二〇（一八八七）年に音楽の専門教育機関である東京音楽学校が開校し、音楽は芸術だと認識されはじめ、同校で学ぶ生徒にとっても、芸術を学んでいるという意識が持たれていたのでしょう。学生の頃から、芸術とは何か、日本人はいつから音楽を芸術と認識するようになったのか、ということを考えている私にとって、愛さんの手によって「芸術」ということばが用いられていることを見逃さずにはいられません。

「京都府庁文書」明25-53に綴られた履歴書によると、愛さんは東京音楽学校卒業直後、明治二四年七月一三日に研究生として同校に在学を命じられています。さらに同日、月給六円の授業補助となりました（同）。しかし、明治二四年度の『東京音楽学校一覧』には、研究生として愛さんの姓名は掲載されていません。これはなぜでしょうか。

愛さんは、同年一一月一二日に、東京音楽学校を退学しているのです。東京音楽学校を首席で卒業し、引き続き研究生として在学、授業補助を務めるほどの実力を持った愛さんには、音楽家としての道が見えていたはずです。しかし、愛さんは、翌年九月には京都府高等女学校の唱歌科教員となり、東京を離れています。退学から就職までは一〇ヶ月空いていますから、適当な就職先が見つかって退学をしたとは考えにくいです。では、なぜ東京音楽学校を退学する必要があったのでしょうか。実は、愛さんは東京音楽学校の外国人教師で、自身の師でもあったディットリヒに求婚されたというのです。

ディットリヒは、明治二一（一八八八）年より同二七（一八九四）年まで東京音楽学校に在職した外国人教師でした。当時のオーストリア公使との間で交わされた条約においては、一八八八年一一月一日から一八九一年九月一日、つまり明治二一年から明治二四年までの任期とされていて、その後ディットリヒの任期は明治二七年まで延長されました（この間、東京音楽学校は高等師範学校の付属学校となるため、ディットリヒも「講師嘱託」となっています）。『東京芸術大学百年史　東京音楽学校篇第1巻』（音楽之友社、一九八七年、五一一頁）によれば、ディットリヒが担当した科目は、ヴァイオリン、和声学、作曲法、唱歌でした。先に見た、明治二二（一八八九）年度の試験の内容からは、洋琴（ピアノ）の初歩も担当していたことがわかりました。

ディットリヒは、一八六一年四月に、オーストリア・ハンガリー帝国のガリチア地方に生まれました。五歳よりピアノ、七歳よりヴァイオリンと、幼少期より音楽を学び、ウィーン音楽院では、ヴァイオリン、オルガン、和声、対位法、作曲、さらにピアノを学んでいます。同音楽院在学中に受賞経験もあることから、特にヴァイオリンとオルガンを得意としたのでしょう。音楽院卒業後は、オルガン奏者や指揮者として、活躍しました。

後年のルドルフ・ディットリヒ（東京藝術大学附属図書館所蔵）

明治二一年一一月に横浜港に到着したディットリヒはこのとき二八歳、二年前に結婚した妻ペリーネを伴っていました。翌年五月に鹿鳴館で開催された日本音楽会では、ディットリヒのヴァイオリンとの「合奏」で、ペリーネも独唱者として舞台に立っています。ペリーネがプロの音楽家であったかどうかは定かではないものの、夫妻で音楽を嗜んでいたことがわかります。しかし、ペリーネは、明治二四年一月、なれない日本で病気を患い亡くなります。

妻に先立たれたディットリヒは、ヴァイオリンでも歌でも素晴らしい実力を見せる弟子の愛さんに求婚しました。このことについては、ご子息・松本秀彦さんの『母を語る』でも述べられていて、ディットリヒが求婚した後、校長の伊澤に相談した際の手紙についても触れられています。私は、この「ディットリヒが伊澤修二に宛てた手紙」（史料表題）が長野県の伊那市創造館に所蔵されていると、玉川大学の平高典子先生からご教示を受け、東京藝術大学の塚原康子先生と平高先生、私の三名で伊那に赴き、この手紙を閲覧しました。なぜ、ディットリヒの手紙が伊那に保管されているのでしょうか。

手紙の内容を見る前に、現在伊那市創造館に所蔵されている伊澤修二関係資料について、塚田博之「高橋慎一郎による伊澤修二全集編纂」（『信濃』第六三巻第九号、二〇一一年）より、一連の資料が移動した経緯について確認しておきましょう。信濃教育会は、昭和一五（一九四〇）年より人物全集編集を計画し、伊澤修二全集の初代編纂主任を務めたのが高橋慎一郎でした。高橋は、長野県師範学校卒業後、長野県内の小学校、長野県師範学校附属小学校で訓導を務めた後、中箕輪高等小学校の校長となりました。その後、長野県視学を退職し、郷里の高遠での療養生活の後、上伊那教育会調査研究主任を務めていたことから、伊澤全集の編纂に携わることとなりました。昭和一八（一九四三）年、高橋慎一郎が伊澤の長男・勝麿に対して、伊澤修二関係資料を上伊那図書館へ伊澤文庫として永年にわたって保存するために寄付あるいは寄託をもちかけました。同年六月九日にはだいたいの承諾を得て、同月二三日には資料寄贈の連絡を受けた上伊那図書館主事が上京、荷造りをして発送しました。しかし、昭和二〇（一九四五）年五月二五日の「山の手空襲」（同年三月一〇日の東京大空襲以来の最大の空襲）の際、伊澤資料は大部分が勝麿の元に残っていて失ったことを、高橋は知らされます。結果的に、昭和一八年に伊澤資料の一部が伊澤修二の郷里、上伊那の地へ「疎開」したこととなりました。戦後、伊澤全集編纂の計画は、高橋個人が伝記をまとめることへと変更されます。しかし、昭和二四（一九四九）年五月に高橋が亡くなったことで、伊澤修二の伝記も形になることはありませんでした。昭和二五（一九五〇）年には、上伊那教育会があらためて伊澤修二全集の編纂にとりかかることとなりました。全集ではなく「選集」とするなどの編集方針の変更を経て、昭和三三（一九五八）年に刊行されたのが『伊澤修二選集』です。

『伊澤修二選集』（信濃教育会編・発行）では、以下のように史料が分類、収録されています。

第一章　教育行政（師範教育）
第二章　体操教育
第三章　音楽教育
第四章　教科書
第五章　教育会関係
第六章　普通教育
第七章　実業教育
第八章　台湾教育
第九章　国語と中国語
第十章　視話法と訛音・吃音矯正

第十一章　雑
第十二章　書簡
補遺（書簡を含む）

これらのうち、「音楽教育」には教育の内容そのものにかかわるわけではない私信は含まれていません。また、収録されている書簡はすべて、伊澤修二が発信したもので、ディットリヒに宛てた返信も見られません。内容があまりにもプライバシーに関わるため、選集に収録されなかったのでしょう。

現在、公益社団法人上伊那教育会の伊澤修二研究委員会では、「伊澤資料」と「伊澤コレクション」の整理と管理を行っていて、同会のホームページには、それぞれについて、次のように説明がされています。

伊澤資料

伊澤修二先生の業績を本にして残そうと、一九五八（昭和三三）年に信濃教育会より発刊された『伊澤修二選集』に掲載するために一九四二（昭和一七）年から集められた資料のことです。伊澤修二自筆の資料もあり、『伊澤修二選集』に掲載されなかった資料も含め、貴重な資料が残されています。

伊澤コレクション

空襲の危険から守るため、修二の子の勝麿氏から一九四三（昭和一八）年に上伊那図書館に資料や蔵書が寄贈されました。その蔵書に、整理番号をつけ管理している物のことで、三〇〇〇点近い蔵書が保管されています。

（「公益社団法人　上伊那教育会」ホームページ　www.kamiina.jp/wordpress/　閲覧日：二〇二二年七月二七日　引用中の算用数字は漢数字に変換しました）

現在「伊澤資料」として保管されている「ディットリヒが伊澤に宛てた手紙」は、実物ではない可能性があります。ノートを破り取ったような、罫線が入った紙にしたためられているのです。しかし、封筒代わりにした宛名書きもともに保存されているため、ノートを切り取って手紙を書いたのかもしれません。伊那市創造館には、英文の手紙とともに、「上伊那教育会原稿用紙」に書き起こされた和訳が残されていました。静岡文化芸術大学の奥中康人氏のご教示によると、『伊澤修二選集』編纂時に編纂にあたっていた委員の手によって和訳されたものではないか、ということです。以下がその和訳の全文です。

私は帝国ホテルにおける慈善音楽会において〔、〕次週金曜日に演奏する様要請されましたが〔、〕練習と下稽古に多忙を極めて居りますのであなたをお訪ねすることが出来ません。此の見えすいたような御疎遠の程御許容下さいます様に、そして、あなたが私及び学校のために、お持ち下さる大なる御関心に対し、私の真実と感謝を本当に御信じ下さいます様、私は既に乞われてて《ママ》居りますが、全栄を得るために何かあまり清からざることが決定されましたとか。私は此の犠牲に依ってその噂は永久にきえ、且つ又良からざる結果がその学会《ママ》に来ないよう切に希望致します。

あなたのご親切に御調停に対して心から感謝いたします。

私が今私の心の心配事においてあなたに御援助を御願いするならば、あなたは私のあなたに対する肉親の兄弟の様に信用の証拠を見いだすことが出来得るだろうと思います。

又あなたはいかに私が無力でたよりなく、又いかに不運であるかということが分るだろうにと思います。そしてあなたは私を可愛そうだとお思いになって、助力を拒むことはしないだろうと思います。私の心状《ママ》は殆んど狂わんばかりにみだれて居り、それでもう自分を弁護することが出来ません。おわらい下さいませんように。

私はもはや自分の愛が拒絶されたからといって死ぬようなことを考える程年若くもありません。

私は全く此の上ない幸福と此の上ないみぢめさを味わって（経験して）居ります。私は心の中で、私はこゝにおいて新らしい幸福の目ろみを発見したと思います。そして又決して自分を欺かないところの心を信頼して居ります。

私がチバハラさんから受け取った短い返答はこうなのです。彼等は私の犠牲はみとめるということ、そして彼等はいや〳〵ながらに幾多の困難に向って歩を進めざるを得なくされているのだと。

（けれども）大概の困難は克服されましょう。然し、みなその困難があるということを知らねばならないのですと。チバハラ嬢と結婚することは何ら私にとっては犠牲とはならないのです。しかし障害を克服するためには幾多の犠牲を作らねばならないことになるでありましょう。

伊澤さん私はあなたに本当に親身になつて、此の私の不幸な年において、もう一度私を御援助下さい〔。〕そして、日本橋河岸町の島原ホテルにチバハラさんを御訪ねして下さつて、彼の妹さんに対する私の本当の愛を説き、今の私のすさんだ心情を述べ、彼の言うところの障害というものについてお尋ねし、真心を以て、かような障害が克服出来ます様要請して下さいます様心から御願い申し上げます。

伊澤さんどうかあわれとお思い下さいましてそして御信じ下さいます様

敬具

アール・ディスティニー（？）〔？は史料のママ、サインの読み誤りか―筆者〕

ルドルフ・ディットリヒ

（東京音楽学校雇外人教師）

引用中の「チバハラさん」とは、愛さんの兄、岩原謙三のことです。そして、「チバハラ嬢」は愛さんのことです。ディットリヒの英文を訳した人物は、岩原という名前を知らなかったことによる誤りでしょう。

ディットリヒの手紙からは、愛さんへの気持ちが溢れ出ています。愛さん本人は、音楽の師から、それも妻に先立たれた外国人から、求婚されるなんて思ってもみなかったことでしょう。愛さんの反応にショックを受けたディットリヒは、校長の伊澤を通して、再度愛さんの兄の謙三を訪ねて、結婚の許しを得ようと必死になっています。現代では国際結婚はそれほど珍しいことではなく、海外との行き来も簡単にできるようになりました。しかし、時は明治二〇年代、日本が開国してまだ四〇年も経っていない時代です。外国人と結婚すると、二度と日本に帰ることができないかもしれない、何も知らない異国の地で生活できるのか、さまざまな不安が愛さんの頭をよぎったことでしょう。そして、この手紙が書かれた明治二四年一〇月二一日から一ヶ月も経たない間に、愛さんはディットリヒから逃げるように、東京音楽学校を退学してしまったのです。

愛さんがヴァイオリンを弾いています。横には伴奏のオルガンが見えます。この写真は、左側をトリミングしたのではなく、縦長の状態で保管されていました。理由は、切り取られた左半分でディットリヒが伴奏のオルガンを弾いていたからだといいます。

ディットリヒからの求婚に衝撃を受けた愛さんは、東京音楽学校から逃げるように去ってしまいました……。しかし、竹中亨「伊沢修二における『国楽』と洋楽―明治日本における洋楽受容の論理―」(『大阪大学大学院文学研究科紀要』第四〇号、二〇〇〇年)によると、ディットリヒと愛さんは恋愛関係にあったといいます。それは、同著「明治期の洋楽留学生と外国人教師―ドイツとの関係を中心に―」(同第四七号、二〇〇七年)にて使用している『読売新聞』の記事を根拠にしているのでしょう。竹中氏によると、ディットリヒは伊澤のほかのツテも使って働きかけたものの、伊澤修二の後任である東京音楽学校校長・村岡範爲馳の反対に遭い、愛さんとの結婚を断念したということです。

ヴァイオリンを弾く愛さん
(松本宗雄氏提供)

では、『読売新聞』にはどのように報道がされていたのでしょうか。『読売新聞』にディットリヒと愛さんの記事が登場したのは、明治二五（一八九二）年、愛さんが京都府高等女学校に赴任する直前のことでした。明治二五年八月一二日には、「風説鬼一口」と題して、少々ぼやかした記事（朝刊三面）が掲載されています。舞台は、「女のすなる技を教ふる館」「女流の名手此門より出づる」と表現されている、一見どこかの女学校のように思われます。そして、この館で随一の美人、近所の学校の書生もよく知っている山石という女子が登場します。そして、ドイツ生まれのこの館の雇教師で、数月前に妻を失った「ぜひとりひという毛唐」が登場します（ディットリヒは現ハンガリーの生まれ）。ここで、この館は東京音楽学校を指していて、雇教師はディットリヒその人だとわかります。さらに、山石という姓をよく見ていると、「岩」を分解してつくった仮名であるという見当がつきます。ディットリヒは、妻亡き後の気晴らしになる娘がいないかと生徒の中から物色していて、「山石」もディットリヒに目星を付けていたというのです。どこまでが本当なのか、学校内にしては誇張したゴシップ記事のように思えてなりません。記事中「…どうやら浮草の根を絶えて誘ふ水あらバ唯というべき風情…」の「唯」に「あい」とルビを振っている点もなんとも露骨です。この記事は、翌日に続きます。ディットリヒと「山石」が休憩時間に手を組んで睦み語らう様子が書かれています。それに驚いた「館長」は「山石」に退校を命じ、事の顛末が世間に知られるところとなったので、嫁入り前の娘であるため遠く大阪に身を隠したということです。「此館の名物」を失った女生徒は彼女を惜しみました。そして、そのお相手ディットリヒには、何の咎めもなかったということを「奇怪」だと報じています。それほど、当時の東京音楽学校ではディットリヒの存在が偉大なものであったことがうかがわれます。次に、ディットリヒは、「山石」に次ぐ美人であった「松風といふ雑種の女子」（いわゆる「ハーフ」のことでしょうか）に目を付けたということで、妻を失くして間もないディットリヒの色男ぶりが見事に描かれています。

『読売新聞』の同月三〇日（朝刊三面）には、「『風説鬼一口』の記事に就て」と題して、これらの記事に対して東京音楽学校は迷惑を被ったことが報じられます。しかし、「彼の事件に付て確報なり」（この事件は確かだ）ということで、以下のように詳述されています。前校長（伊澤修二）在職中の昨年一〇月以前、東京音楽学校の教師ディットリヒ（ここでは、ドイツ人とされています）は、同校卒業生の岩原愛子（ママ）と結婚したい旨を瓜生氏に申し入れました。しかし、瓜生氏が即答できる問題ではないので、親戚一同に相談した上で挨拶すると、その場では断りました。しかし、秋にはディットリヒ自身が愛さんに対して結婚のことを話したことで、たちまち世に伝わることとなりました。伊澤校長退職後、ディットリヒは新校長の村岡に相談したところ、一年から一年半後に愛さんと結婚したいならば、瓜生氏に相談をするよう諭しました。しかし、西洋の風習とは異なり、日本では教員と卒業生が結婚することは教育上よくない影響を与えるため、思いとどまってほしいといい、村岡自身の在職中は、生徒あるいは卒業生と教員が結婚することは厳禁するとディットリヒに告げました。ディットリヒはこの説得に対して了承し、愛さんのことを諦めて、教育に専念しているといいます。

この記事から六日後、明治二五年九月五日朝刊一面に「正誤」と題された、同年九月三日付の東京音楽学校長・村岡範爲馳による、読売新聞社宛の文章が掲載されています。ディットリヒと愛さんの縁談の件は、前校長在職中のことというのは誤りで、村岡が校長就任後、間もなく結婚の申込があったというのです。官立の東京音楽学校内で、外国人教師が卒業間もない教え子、ましてや研究科に在学中の生徒にプロポーズするということの事件を、校長自らが完全に認めたことになります。ディットリヒと愛さんが相思相愛だったかどうか、休憩時間などに校内でデートをしていたかどうか、知る術はありません。新聞はゴシップ記事も好きですから、新聞に書かれていることが本当かどうか、今では誰も知り得ません。ただ、この求婚事件がきっかけで、愛さんが東京音楽学校を去ることになったのは本当です。そして、ご令孫の岡谷和子さんによると、二人の結婚には瓜生夫妻が反対したということです。新聞記事にもディットリヒが相談している旨が書かれています。英語を巧みに使いこなし、当時の日本では稀に見る国際的な見識を持っていた瓜生夫妻が反対するということは、単に国際結婚に対する反対、後妻であることへの反対ではなさそうです（この四年後、愛さんは瓜生氏の計らいでお見合い結婚しますけれど、後妻でした)。京都府高等女学校に赴任する際の履歴書には、大阪の住所が書かれているので、愛さんは東京から逃げるように、大阪の兄の許へ移住したと考えられます。なお、竹中亨「伊沢修二における『国楽』と洋楽」では、愛さんはその後京都の尋常師範学校に就職したとしています。典拠としている『音楽雑誌』第二五号(一八九二年九月)には「●岩原愛子嬢　は此度京都府高等女学校先音楽教師宇野某嬢辞職に就き後任たる尋常師範学校音楽科教員に任せられたり」(三二頁)と書かれています。そもそもこの『音楽雑誌』の記述が誤りで、宇野〔ふで〕は高等女学校を辞職するのに、その後任で愛さんが尋常師範学校に就職するというのは、意味が通りづらいです(たしかに、数年前までの京都では師範学校の音楽科教員が女学校の唱歌科教員を兼任していました)。愛さんは、京都府高等女学校唱歌科教員で間違いありません。

ディットリヒのその後はといいますと、明治二六(一八九三)年八月に日本人女性との間に男児をもうけています。しかし、帰国の際、母子ともにウィーンへ連れて帰ることは叶いませんでした。そのため、ディットリヒは、息子が成人するまで送金を続けたということです(松本善三『提琴有情—日本のヴァイオリン音楽史—』レッスンの友社、一九九五年、五八~五九頁)。ディットリヒの息子・森乙は幸田延をはじめとするディットリヒのかつての教え子たちの援助によって、東京音楽学校に入学しました(森乙については、前掲、萩谷由喜子『幸田姉妹』一九〇~一九二頁参照)。東京音楽学校では、ヴァイオリンを父のかつての教え子、安藤幸に師事したといいます。卒業後、乙は山梨師範学校の音楽教師となりました。ちなみに、森乙のご子息は俳優の根上淳さん、その夫人は歌手のペギー葉山さんです。『音楽鑑賞教育』（音楽鑑賞振興財団）に連載されていた平沢博子氏の「ルドルフ・ディットリヒ物語」では、一九九九年七月号（通巻三七〇号）に番外編として「すてきなご夫妻　根上淳・ペギー葉山さんにお会いしました―琴竜関にもお会いしました」と題して、平沢氏がディットリヒの孫・根上淳氏を訪問する様子が紹介されています。根上氏自身も幼少期からヴァイオリンを習っていて、父・森乙はヴァイオリンを専門としてカルテットの仕事をしていたということです。

愛さんの退学の真相、ディットリヒ求婚事件については、前掲、生田澄江『瓜生繁子―もう一人の女子留学生』に、「ディットリヒとお愛さん」の項を設けて述べられています。先の竹中亨氏の二つの論文には、ディットリヒと愛さんが恋愛関係にあったというように述べられています。また、これら二論文をもとにして、前掲、竹中亨『明治のワーグナー・ブーム　近代日本の音楽移転』には、ディットリヒの側から愛さんとの恋愛について述べられています。

本書の刊行は、当初二〇一七年度を予定し、原稿を準備していたところ、諸般の事情により大幅に遅れてしまいました。その間、かつて『音楽鑑賞教育』に四年半にわたり、ディットリヒに関して連載していた平澤博子氏が、ディットリヒの軌跡を一冊にまとめました。平澤博子『ウィーンから日本へ　近代音楽の道を拓いた　ルドルフ・ディットリヒ物語』（論創社、二〇一九年）は、ディットリヒの伝記としては最も詳細なものといえます。ディットリヒについて語るにあたって、彼が愛した女性の一人として、愛さんとのエピソードが紹介されていてもおかしくはないものの、同書の人名索引には岩原愛の名前はありません。同書において、愛さんが確認できるのは、まず、明治二二年一一月に鹿鳴館で開催された日本音楽会のプログラムを引用している箇所です（八三頁）。表Ⅱ-⑧でも示したように、愛さんは《紅葉狩》と《鳩》を独唱しています。次に、本書でも引用をした『音楽雑誌』創刊号のテルシャックの記事において、他の四名の生徒とともに名前が挙げられ、アドバイスが与えられた旨について紹介されています（九二頁）。そして、明治二四年七月に挙行された、東京音楽学校第四回卒業式の卒業生の姓名が挙げられる箇所の筆頭に「岩原愛子」と愛さんの名前が見られます（一二二頁）。以上、三箇所において、東京音楽学校の一生徒として、愛さんが登場しているものの、それ以上のことについては述べられていません。

私は、結婚というプライバシーにも関わる問題を博士論文で扱うことに戸惑いました。しかし、ディットリヒ求婚事件について話す愛さんのお孫さんの方々からは、プライベートな問題だから公表をしないでほしいとおっしゃることもないどころか、「私たちのおばあさんは、外国人に求婚されるほど素晴らしい人物だった」という誇りのようなものが感じ取られました。先行研究での扱われ方や、愛さんのお孫さんの方々のことばから、本書執筆にあたり、改めてこの問題について私なりに考えてみました。当時の愛さんの気持を知ることは、今となってはできません。しかし、私が愛さんの物語をお伝えできるのは、愛さんが東京音楽学校に残って、職業音楽家への道を進まなかったからです。あるきっかけで、その人のその後の人生は大きく変わってしまうのです。東京を離れた愛さんは、大阪に移りました。そして、翌年九月には京都府高等女学校に赴任することとなりました。

京都府高等女学校

京都府高等女学校は、明治五（一八七二）年に発足した「新英学校及び女紅場」を起源とします。新英学校とは、英学を授ける場で男子を対象とした教育機関であるのに対し、ここでいう女紅場《にょこうば》とは、養蚕・機織・刺繍といった女紅を中心とした女子教育の場でした。この女紅場は、二〇一三（平成二五）年のＮＨＫ大河ドラマ「八重の桜」のヒロイン、山本（後に新島）八重が舎監を務めたことでも近年スポットがあたりました。発足二年後には、新英学校の男子生徒は英学校へと移管され、「英女学校及び女紅場」と改組されました。そして、明治九（一八七六）年五月には、「京都府女学校及び女紅場」と改称されます。さらに、明治一五（一八八二）年には、創設以来の女紅場を廃してその機能は手芸専修科となり、普通学科、師範学科と三つの学科を持った「京都府女学校」となりました。そして、明治一九（一八八六）年一月に師範学科を師範学校へ移管、つまり、これまでの小学校教員養成機能を失います。その後、明治二〇年一月に東京高等女学校の制度にならって、「京都府高等女学校」と改称します。史料や文献によっては、「京都府立高等女学校」としているものもありますけれど、本書では「京都府高等女学校」の名称を使用します。同校はその後、二度の改称を経て、戦後は男女共学の新制高校として再編され、現在は京都府立鴨沂《おうき》高等学校となっています。

京都府女学校では、明治一一（一八七八）年に京都府学務課から刊行された『唱歌』という歌詞集を用いて、翌年から生田流箏曲による「絃歌」の教育を開始しました。明治一二（一八七九）年一〇月に音楽取調掛が設置された後、教員を音楽取調掛へ派遣して伝習を受けさせ、小学校や幼稚園で唱歌教育を実施するための「唱歌」の教育を開始します。日本音楽による教育に続いて、音楽取調掛が発信した唱歌教育も導入した京都の女学校は、教員養成機能を師範学校へ移管した後、明治二〇年代になっても、「唱歌」という西洋音楽による教育を実施していました。一方の「絃歌」はというと、随意科として教育が続けられました。この女学校での音楽教育については、拙稿「明治一〇年～二〇年代の京都府女学校・京都府高等女学校における音楽教育の展開」（『音楽教育学』第四一巻第二号、二〇一一年）をご参照ください。本書では、特に愛さんが関わった「唱歌専修科」について見ていくことにします。

唱歌専修科

京都府高等学校では、明治二一年以前より唱歌科を設置していました。そのようななか、明治二三（一八九〇）年九月には正課外に唱歌専修科が設けられました。当時の京都府高等女学校は、随意科として和歌・点茶・挿花・絃歌の教授を行っていました。これら随意科に対して、唱歌専修科は別科といって、明治二三年第二学期の開始に合わせた補欠募集とともに生徒が募集されました（「明治二十三年一月〜十月官吏指令　第一部庶務課」161「『唱歌専修科と生徒募集』について」）。当初は五〇名の生徒を募集していたところ、定員には満たなかったようです。開設より一年後の明治二四年一〇月三一日の調査では、唱歌専修科の在籍生徒数は二〇名でした（『京都鴨沂会雑誌』第四号、一八九一年、三七頁）。

では、当時の京都府高等女学校の唱歌科ではどのような教育がなされていたのでしょうか。同校では、唱歌専修科を設置する以前より、ピアノ一台、風琴三台を所有していて、明治二一年四月からは三・四年生に対して、唱歌科の時間に「楽器使用法」を教授していました（「京都府庁文書」明21‐7「明治廿一年中　官吏指令」所収「楽器（風琴）購入并に売却の件」）。「唱歌」という科目名が示している通り、当時の音楽教育は歌唱が中心だったのに対し、京都府高等女学校の教育は器楽を取り入れた充実したものだったことがわかります。それゆえ、わざわざ唱歌専修科で学ばなくても、音楽の学習ができる環境にあると、在学生や親たちは考えたのかもしれません。そして、唱歌専修科設置前は、京都府師範学校の音楽教員が京都府高等女学校の唱歌科を兼任していました。しかし、明治二三年六月には、師範学校の音楽教員・酒井良忠が高等女学校の唱歌科でも教えることが難しくなったといいます（「明治二十三年一月～十月官吏指令　第一部庶務課」117「唱歌教員嘱託の件」）。京都府高等女学校はちょうど、唱歌専修科設置に向けて準備を進めているところで、師範学校の教員が唱歌専修科も兼任するとなると、負担が大きくなるということだったのでしょう。そこで、師範学校の酒井も卒業した東京音楽学校師範部に在学中であった、宇野ふでが適任として選ばれました（同）。宇野の専門は洋琴（ピアノ）と風琴（オルガン）でしたので、唱歌専修科のヴァイオリンは稲畑富子に嘱託することになりました（前掲「明治二十三年一月～十月官吏指令　第一部庶務課」220「教員採用並びに増給伺の件」）。この稲畑富子は前章で登場した、明治二二年度に東京音楽学校で雇教員としてヴァイオリンを担当していた森富子です。明治一九年二月に音楽取調掛を卒業し、唱歌《夏は来ぬ》などを作曲した小山作之助や、明治二一年まで京都府高等女学校でも唱歌を担当していた松本長と同期にあたる人物です。当時は稲畑勝一郎と結婚し、東京から京都に移っていたのでしょう。

このように、京都府高等女学校が独自に器楽の教授にも堪え得る教員を揃えて開始した唱歌専修科の規則は次のようなものでした。

第一條　唱歌専修科ハ得ニ唱歌ヲ練習セントスル者ノ為ニ之ヲ設ク
第二條　学科ハ唱歌楽器音楽論ノ三科トシ其課程ハ別表ノ如シ
但楽器ハ生徒ノ志願ニ依リ表中楽器ノ一ヲ修メシム
第三條　修業年限ヲ一ヶ年トシ之ヲ三期ニ分ツ
第四條　授業時限ハ一週八時トス
但教授時間ハ都テ本校正課時間外トス
第五條　毎学期ノ終ニ於テ試験ヲ施シ各加六十点以上ヲ得タル者ヲ合格トシ第三学期末ニ於テ左式ノ証書〈省略―筆者注〉ヲ附与スヘシ
第六條　卒業ノ後尚ホ高等ノ学科ヲ請究セント欲スル者ハ更ニ一ヶ年間学習スルヲ得ヘシ
第七條　授業料ハ一ヶ月金五拾銭トシ毎月五日ニ納付スヘシ
但全月欠席スル者ハ授業料ヲ納ムルニ及ハス
第八條　入学志願者ハ左ノ書式〈省略―筆者注〉ニ依リ修学履歴書ヲ添テ出願スヘシ
但時宜ニ依リ音質聴力等ヲ試験シ入学ヲ拒否スルコトアルヘシ
第九條　退学セント欲スル者ハ其事由ヲ記シタル願書ヲ差出スヘシ

第十條　年中休業日及生徒心得ハ本校規則ニ依ル

（「明治二十三年一月～十月官吏指令　第一部庶務課」所収「『唱歌専修科と生徒募集』について」、「京都府庁文書」。該当文書の翻刻は、「徳重文書」（Ⅲ5　生徒募集・入退学願）に収録されています。なお、「徳重文書」目録および複製複写において典拠とされている、「高等女学校一件」は誤りです）

第一條には、「唱歌ヲ練習」する者のために設けられたとしているものの、第二條では、「唱歌」「楽器」「音楽論」と三つの学科が設けられています。このことから、当時の「唱歌」ということばは現在でいう「音楽」という意味で用いられていたことがわかります。当時は「音楽」という広い範囲を指す総括的なことばよりも、学校教育に導入された科目名から、「唱歌」ということばが普及していたのでしょう。「楽器」（表では「器楽」）は表にあるように、洋琴（ピア

表Ⅲ－①　唱歌専修科課程表（史料のママ）

<table>
<tr><th rowspan="2">学科</th><th rowspan="2">声楽</th><th colspan="3">器楽</th><th rowspan="2">音楽論</th></tr>
<tr><th>洋琴</th><th>風琴</th><th>バイオリン</th></tr>
<tr><td>毎週時間</td><td>4</td><td colspan="3">3</td><td>1</td></tr>
<tr><td>第一期</td><td>単音唱歌</td><td colspan="2">手指練習
音階練習</td><td>姿勢、用弓法
手指運用法</td><td>楽譜論</td></tr>
<tr><td>毎週時間</td><td>4</td><td colspan="3">3</td><td>1</td></tr>
<tr><td>第二期</td><td>単音唱歌</td><td colspan="2">音階練習
楽曲練習</td><td>手指運用法
楽曲練習</td><td>楽譜論</td></tr>
<tr><td>毎週時間</td><td>5</td><td colspan="3">3</td><td></td></tr>
<tr><td>第三期</td><td>高等
単音唱歌
複音唱歌</td><td colspan="2">音階練習
楽曲練習</td><td>手指運用法
楽曲練習</td><td></td></tr>
</table>

ノ)、風琴（オルガン)、バイオリン（ヴァイオリン）でした。京都府高等女学校では、それ以前にピアノやオルガンを入手し、器楽教育にも着手していたのは先に述べた通りです。それに加えて、唱歌専修科ではヴァイオリンも導入しました。現代の私たちの感覚では、他の弦楽器や管楽器も導入すればよいと簡単に考えてしまいますけれど、当時は楽器を入手するのも、指導者を揃えるのも難しかった時代です。当時、女学校の課外で、ピアノやオルガン、ヴァイオリンまで教えてくれるのは画期的なものでした。

修業年限は第三條に定められているように一年間で、三つの学期に分かれています。第四條で、教授時間を正課の時間外で週八時間、また、第十條で休業日や生徒心得は高等女学校に依ると定められていることから、京都府高等女学校内に設置された課外教室であったことがうかがえます。第六條には、一年間の課程を終えた後も、さらに一年間の学習を継続できることも示されています。及第点は第五條にあるように六〇点ですから、学校教育の評価に準ずるものだったのでしょう。

規則にはそのほか、授業料や入退学についても定められています。「時宜ニ依リ」なので、志願者が定員を超過した場合を想定しているのでしょうか、「音質聴力等」の試験をするとのことです。試験の内容や実際に実施されたのかは、史料で確認することができないため、わかりません。

唱歌専修科設置の後、京都府高等女学校は、師範学校に頼ることなく唱歌科の教員を採用することとなります。唱歌科の教員は常に東京音楽学校の卒業生（宇野については在学中）から優秀な人材を採用しました。これは、全国の高等女学校に先駆けたもので、京都の女学校は明治二〇年代から高水準の音楽教育が展開されたことがうかがえます。全国の高等女学校へ東京音楽学校卒業生が赴任していく様子については、前掲、坂本麻実子「明治時代の公立高等女学校への音楽教員の配置─東京音楽学校卒業生の勤務校の調査から─を参照してください。

明治二八（一八九五）年八月の「高等女学校規程」によって、高等女学校では「音楽」が科目の一つとなりました。これまで、師範学校では「音楽」という科目が設置されていたのに対し、高等女学校では、小学校と同名の「唱歌」という科目が設置されていました。それは、京都府高等女学校も同様です。「高等女学校規程」の第一一條には、この法令に合わない学校は高等女学校と称することができない、と定められていましたので、京都府高等女学校でも同年九月に規則を改訂しました。それに伴い、唱歌専修科を改組した「音楽生」が設置されました。次に挙げるのが、『鴨沂会雑誌』第八号（一八八五年、八〇～八一頁）に掲載された、「京都府高等女学校規則（明治廿八年九月改正）」中の「音楽生規程」です。

第一條　本校規則第三十五條に依り裁縫専修科生徒にして音楽を修業せんとする者には左

表〈表III－②―筆者注〉の課程に依り本校正課時間外に於て之を授く
但楽器は表中三種の一を修めしむ
第二條　前條に依り特に音楽修業を許さゞることあるべし
但音質聴力の如何に依り修業を許さゞることあるべし
第三條　一箇年の課程を修了せる者には甲号書式の証明書を与へ修了後尚一箇年練習せる者には乙号書式の証明書を与ふ（書式略ス）

唱歌専修科と音楽生の課程が示された表III－①②を見比べると、ほとんど同じ内容であることがわかります。しかし、唱歌専修科は修業期間が一年間であったのに対し、音楽生では二年間の課程が示されています。そして、ヴァイオリンの楽曲に取り組むのは二年目からというように、唱歌専修科の課程からの修正が加えられています。音楽生の課程の内容は、実際に唱歌専修科において女学生に教えた経験を踏まえた変更だったのでしょう。そして、東京音楽学校でヴァイオリンを専攻した愛さんが、唱歌専修科の教師として新課程に対して助言をしたことでしょう。

唱歌専修科では特に定められていなかった生徒の資格は、音楽生では裁縫専修科の生徒に限定されています。つまり、音楽生では本科の生徒は兼修ができなくなったということです。これも、五年間の唱歌専修科の経験によって、音楽技能の修得は正課との両立が難

表Ⅲ-② 音楽生課程表

学科	声楽	器楽			音楽論
		洋琴	風琴	バイオリン	
毎週時間	4	3			1
第一年	単音唱歌 複音唱歌 高等単音唱歌	手指練習 音階練習 楽曲練習		姿勢用弓法 手指運用法	楽譜論
毎週時間	4	3			1
第二年	同上練習	同上練習		楽曲練習	楽譜論

「京都府高等女学校規則（明治廿八年九月改正）中「音楽生規定」（『鴨沂会雑誌』第8号、81頁）

しいことがわかったからなのでしょうか。「音楽生規程」第二條には、音楽の基礎的能力によっては修業を認められない場合があることが明記されています。唱歌専修科から音楽生へ移行するにあたって、より高度な音楽教育を提供することができるようになったと考えられます。そのような女学生への音楽専門教育を担ったのが、愛さんでした。

愛さんが心を許していたという、五男・良彦さんご夫人の岩原晴江さんに語った、京都府高等女学校在職中の様子が、『母を語る』に紹介されています（二〇〜二一頁）。東京音楽学校在学中もハイカラで評判だっただけあって、依然旧式な京都では甚だ目立ったようで、当時の教え子の話では、愛さんは厚い藤色の草履に紫の袴を穿いていたといいます。そのような愛さんは、生徒の憧れの的となり、袂に附け文を入れられたこともあったそうです。今でも音楽の先生は、華やかなイメージがあるように、西洋音楽を教える愛さんは、明治二〇年代の京都の女学校では、さぞおしゃれな先生だったことでしょう。

愛さんは、在職中の明治二七（一八九四）年、ある作曲者不詳の曲を「面白き曲」と紹介しました。この曲には、同校国語科教諭の猪熊夏樹が歌詞を付けて、「新作唱歌」として、同校の同窓会雑誌『鴨沂会雑誌』第七号（一八九四年一二月）に譜面が掲載されています。私は、文学研究科日本史学専修の修士論文を提出する際、この「新作唱歌」に簡易な伴奏を付けて、友人にピアノで弾いていただき、私自身がソプラノのパートを歌ったものを録音したCDを、付録として提出しました。今となっては恥ずかしくて、人様に聴かせられるものではないですけれど、文学部の学生だった頃から、卒業論文と同時に卒業演奏がしたいという思いがありました。卒業論文でも、自らが歌い手となり唱歌の伴奏付けを試みました。当時は勉強不足で、明治期の唱歌がどのように歌われていたのかを検証もせず、自由に思いを巡らせながらピアノで弾き歌いをしたものです。今となっては、批判すべき点もある伴奏もどきの楽譜も、私の研究をはじめたばかりの頃の思い出となっています。

ヴァイオリンの師ディットリヒからの思わぬ求婚により、東京音楽学校研究科の退学という道を選んだ愛さん……その後は逃げるように京都へと活動の拠点を移しました。音楽家としての道が期待されていた愛さんが、京都で教員となったことに対して、不運の人といった見方をする方もいるかもしれません。しかし、早くから全国に先駆けて音楽の教育に着手していた旧都・京都は、東京音楽学校で学んだ愛さんが活躍できる最適の場所であったと、私は考えます。それは、学校で単に音楽の授業を担当するということに留まらず、京都府高等女学校の唱歌専修科において、専門とするヴァイオリンをはじめとする音楽専門教育に携わったことからもわかります。この時代に、愛さんのように京都府高等女

「新作唱歌」の譜面
（『鴨沂会雑誌』第７号、1894年、鴨沂会所蔵品）

学校のニーズに応えることができた人物がどれほどいたことでしょう。愛さんは、明治二〇年代という時代において、京都の音楽の発展に尽力しました。

次章では、教職を離れた後の愛さんについて、愛さんの身近にいた人の回想から、愛さんという人間に迫っていきます。愛さんの長男・松本秀彦さんは愛さんの伝記『母を語る』（非売品、一九七七年）を遺しています。この『母を語る』に加え、愛さんと生活をともにしたお孫さんやお嫁さんにもうかがったお話をもとに、愛さんの人物像を浮かび上がらせます。

京都での教員時代の愛さん（長恭子氏提供）

IV 家庭の人

結婚

京都府高等女学校は、明治二八（一八九五）年八月の「高等女学校規程」にしたがい、規則を改正して、翌月よりこれまでの唱歌科を改めて「音楽科」を設置しました。これにともなって、別科の唱歌専修科も音楽生へと改組したのは、先に述べた通りです。唱歌科が音楽科となって間もなく、明治二八年一一月に、愛さんは京都府高等女学校を退職しました。そして、翌月、愛さん二三歳のときに、当時第一高等学校教授兼東京高等師範学校嘱託であった松本源太郎と結婚しました。この間、明治二六（一八九三）年には金沢で代言人をしていた父親が法廷での弁論中に亡くなっています。結婚を機に、再び学生時代を過ごした東京へと拠点を移すことになります。そして、母親も愛さん結婚後には、東京に移ったということです。

松本源太郎の日記には、明治二八年一一月二三日に粟塚省吾氏（源太郎の郷里の先輩で当時大審院判事、瓜生繁子とも親しい間柄）から急な使いが来て、出掛けて行くと、繁子と愛さんが来ていた旨が書かれています（『母を語る』二二頁）。以前から見合いの話は出ていたものの、予告もなく見合いの場がセッティングされていたのです。その後、一二月二一日には粟塚夫妻の媒酌で結婚式を挙げました。いくら見合いで内々に話がまとまっていたとはいえ、かなりのスピードに驚かされます。さらに、愛さんは源太郎さんに会う前から、既に結婚を見据えて高等女学校を退職していたのですから、これまた驚きです。愛さんは、当時では結婚するのが遅い年齢とはいえ、実力が多分に発揮できる音楽教員を辞めて、見ず知らずの一三歳年上男性の後妻となるのは、相当な勇気を要したことでしょう。しかし、長男・秀彦さんがいうには、兄・謙三さんがロンドンで源太郎さんに会って知っていたことや、外国経験者の謙三さんや繁子に高く評価されていて、それらが愛さんを安心させ、決断させたのでしょう。また、結婚式の翌日から鎌倉へ新婚旅行に出かけるものの、源太郎さんは自らが担当する英語と倫理の試験答案を持参し、旅行中に採点をして郵送したということです。急な結婚だったからか、職業柄仕方がなかったのか、新婚の愛さんが何とも不憫に思われます。

結婚後の源太郎さんの日記には、愛さんのことも書かれています。明治二九（一八九六）年一一月二四日の日記には、「愛音楽学校ニ赴キヴァイオリン及ビ唱歌ヲ学ブ」（『母を語る』二四頁）と記されていて、結婚後約一年後の明治二九年一一月二四日から、同年一二月には二回、翌年一月、二月、三月にはそれぞれ一回ずつ、計六回、音楽学校に通ったということです。愛さんが卒業した東京音楽学校は、当時は高等師範学校付属音楽学校と、予算等の関係から高等師範学校の付属校に格下げされていました。京都で教職に就く、つまり教える立場とは異なり、東京では音楽の専門教育を受けることができる環境に再び身をおくことができるようになったのです。また、自らの母校であり、当時は夫も務めていた東京高等師範学校という縁もあいまって、音楽の勉強を再開することがかなったのでしょう。しかし、そのような好機にめぐまれながらも、妊娠を機に音楽の学習は五ヶ月で中断を余儀なくされます。妊娠・出産期の女性は、現代においても、仕事や育児などあらゆる場面において選択を迫られますので、愛さん自身も今後について思い悩んだかもしれません。しかし、愛さんは、多くの子宝に恵まれ、母として新たな生活を歩み始めます。

明治三一（一八九八）年一月一七日、愛さん二五歳のときに、長女・孝が誕生しました。翌年三月には、源太郎さんが熊本第五高等学校に教頭として赴任することが決まりました。愛さんは、家族とともに東京に残ることにしました。というのも、このとき愛さんは既に第二子を妊娠していたのです。明治三二（一八九九）年九月二一日には、次女・輝が誕生しました。源太郎さんの異動も慌ただしく、熊本赴任わずか一年、明治三三（一九〇〇）年三月には、山口高等学校長となりました。

山口時代

源太郎さんは明治三三年三月末に山口に赴任しました。同年五月には文部省が毎年召集する高等学校長会議があり、源太郎さんは一ヶ月ほど東京に滞在しました。六月に山口に戻る際、源太郎さんの母と愛さん、そして幼い二人の娘とお手伝いさんも連れて、一家で山口へ引っ越しました。今でさえ、幼い子どもを連れての長旅は大変ですけれど、愛さんたちの旅程を見ると、その大変さがうかがえます。まず、横浜から汽船・阿波丸に乗り、神戸に上陸しました。ここからは陸路の旅で、汽車に乗って、途中尾道と三田尻に宿泊しました。六月二日に東京を出発し、山口の家に入ったのは同月六日、約五日間の長旅でした。幼子を二人も連れているので、あえて宿泊を重ねての旅程だったようです。

源太郎さんが校長を務めた山口高等学校は、当時山口県出身者が優先的に入学することが厳しい状況にありました。明治三一年以降、文部省が各高等学校の入学定員を決定したため、山口県尋常中学校卒業の志願者だけでも、入学定員を超過しかねない状況となり、入学定員を志願者が上回る場合は選抜試験を実施しなければいけなかったのです（山口県編集『山口県史』通史編　近代、山口県、二〇一六年、四九四～四九五頁）。源太郎さんが赴任したときは、山口県出身者よりも、他府県からの入学者が上回っていました。そのため、山口高等学校を国に移管すべきだという動きが出てきます。明治三六（一九〇三）年三月に公布された専門学校令により、実業専門学校が設置されることとなり、山口高等学校は官立化ではなく、実業専門学校へと転換されることとなります。そして、明治三八（一九〇五）年四月には、官立の山口高等商業学校が開校されます。源太郎さんは、山口高等学校から引き続き、山口高等商業学校の校長も務めました。山口に官立の高等商業学校が設置されたのは、全国的な配置バランスのほか、開校式でも源太郎さんが述べたように、中国・朝鮮に近いという山口県の地理的位置を勘案したものだったということです。山口高等学校および山口高等商業学校の沿革については、『山口県史』通史編（近代、第七章　教育と文化・女性）のほか、『山口高等商業学校沿革史』（山口高等商業学校、一九四〇年）を参照してください。

山口では、愛さん一家は何度か転居しています。そして、子宝に恵まれました。まず、明治三四（一九〇一）年一一月に、長男・秀彦が誕生しました。明治三六年六月には次男・良彦、翌年一二月には三男・清彦、明治三九（一九〇六）年一一月には四男・茂彦、という具合に立て続けに息子たちが誕生しています。

山口で子育てに勤しむかたわら、愛さんは妻として夫の源太郎さんを支えました。『母を語る』（二七～二八頁）には、当時の愛さんの様子が紹介されています。

母の山口での生活はどうだったかといえば、兎に角田舎町の事であるから、高等学校長の地位は県知事と肩を並べる位であり、母も所謂トップレー《ママ》ディの一人であった。であるから公の行事に出席する機会も屢々あり、町の主な人々は皆知り合いであるから、その方面の交際も種々あった。

又山口で日露戦争を迎えたから、赤十字看護婦会にも出席したらしく、赤十字の服を着た写真も残っている。この話も光二郎君〔諏訪、一家で懇意にあった―筆者注〕の語る処だが、何か慈善音楽会か何かに母が出て、ヴァイオリンを演奏し、満場大喝采だった事があるという。殊にそれが母のお腹の大きい時だったので、余計皆の同情を買い、喝采を博したらしい。私は之を父の日記に探したが該当する記事がない。然し光二郎君は、母の演奏を聞いた母堂から許りでなく、当時高商生だった表善太郎氏からも聞いたというから間違いはないと思う。光二郎君はその写真を見た記憶があるというから探して貰っているが、それが発見されれば、一番確かな証拠だろう。兎に角母が結婚後公衆の前で演奏したのは、後にも先にもこれだけである。

日露戦争中に、慈善活動の一環とはいえ、愛さんは長女出産を機にやめてしまったヴァイオリンを手にしているのです。しかも、長期間楽器に触れていなかったにもかかわらず、音楽会に出演したというのです。このときの慈善音楽会は、日本基督山口教会婦人会によって、大殿小路鴻東小学校で明治三七（一九〇四）年一〇月一四日・一五日に開催された「軍人家族救護音楽演芸会」だと思われます。「軍人家族救護音楽演芸会」はその収入を軍人遺族救護に供することを目的としており、明治三七年一〇月一二日付『防長新聞』には、五六名の賛成者が列記されています。賛成者の中には、「松本愛」、愛さんの名前も見られます。新聞に掲載された音楽会のプログラムを見てみましょう。

音楽演芸会執行順序

一　楽隊　山口音楽隊
二　英語唱歌　四人の小女
三　オルガン合奏（スウ井ートスマイルメーポール）　松野テル子嬢
（カナベルポーカ）　甘粕ナベ子嬢
井上静江嬢
南ミツエ嬢
四　独吟（パンジーフラッサム）　エーレス令夫人
五　ヴアイヲリン独奏　某令夫人
六　英語唱歌（フエーアリースダンス）　女学院生徒
七　琴（三ノ調若葉）尺八附　坂谷歳正
藤崎シズ子令嬢
八　体操（クラブス）　女学院生徒
九　四部合唱（ナンセーリリー）　エーレス令夫人
フラスター令嬢
井イントン君
オイドマン君

十　音楽自慢　女学院少女連
十一　活人画
十二　蓄音器
十三　琴（東獅子）尺八・三絃附　坂谷歳正
　藤崎シズ子嬢
　澄田モヨ子嬢
十四　剣舞　某君
十五　音楽隊　シヤランバン隊
十六　筑前琵琶
十七　ヴアイヲリン（ジユテシアムエレクタラム）　黒部峰三君
十八　二部合唱（ラーバートウワツチ）　エーレス令夫人
　ツラスター令嬢
十九　未曽有の名画　チヤリネ君
二十　音楽隊　山口音楽隊

（『防長新聞』一九〇四年一〇月一二日、三面。なお、同記事は、『山口県史』史料編　近代二〔山口県編集・発行、二〇一〇年〕一二三〇～一二三二頁に掲載されています。傍線は引用者によります）

プログラムの五番目、某令夫人によるヴァイオリン独奏は愛さんの演奏ではないでしょうか。教職から離れて九年が経ち、子育てに邁進するなか、しばらくヴァイオリンに手も触れていなかったことでしょう。しかし、山口高等学校長夫人としては、地元での「慈善」活動としてのヴァイオリン演奏に協力せざるを得なかったものと思われます。しかし、愛さんには、かつては東京音楽学校の首席だったというプライドもあったことでしょう。そして、ただでさえ妊娠中の身では満足な演奏は難しいでしょうし、おまけに数年間練習をしていませんでした。そこで、匿名であれば、と演奏を引き受けたのではないでしょうか。ここには、妻として夫を支える愛さんと、音楽家としてのプライドを持った愛さんがの両面が見えます。

山口時代に親しい付き合いをはじめたのが、諏訪家です。諏訪卯三郎氏は山口県の林業技師をしていました（諏訪家と松本家の関係については、『母を語る』の「まえがき」で紹介されています）。明治三七年頃に、当時の山口県知事夫人が、愛さんの人柄が立派だから、と諏訪幾久子夫人に紹介しました。それ以降、愛さんは幾久子夫人とは生涯親しくしていたといいます。光二郎氏は、卯三郎氏の養子で、愛さんの長男・秀彦さんとは同い年でしたから、まさに家族ぐるみの付き合いをしていたのです。愛さんは自分のことを息子たち家族に話さなかった反面、諏訪夫人には何でも話し、それを光二郎氏が聞いているので、秀彦さんは愛さんのエピソードを光二郎氏から聞くことも多々あったようです。そのため、子どもが生まれてからは東京音楽学校を卒業したことを微塵も感じさせないよう装っていても、諏訪夫人には折に触れて話していたのでしょう。

諏訪家のほか、山口高等学校の英語教師だった、イギリス人のチャールトン夫妻とも付き合いがありました。愛さんは、山口に引っ越してから間もなく、チャールトン夫人から食パン作りを習いました。これは、チャールトン氏が源太郎さんに自宅で食パンを作ることをすすめたことがきっかけでした。明治三〇年代にパン食を、しかも自らパンを作っているなんて意外でした。イギリス滞在の経験がある源太郎さんと、西洋文化に多分に触れてきた愛さんの家庭の食卓には、洋食が並ぶことも多かったのでしょう。また、愛さんは家族のために、カステラも焼きました。明治三〇年代とは思えない、ハイカラな家庭です。

そのような華やかな生活の一方、山口では不幸もありました。明治三四年三月には次女の輝が、病気で亡くなっています。長男・秀彦さんが誕生前の不幸でした。そして、次男の誕生に合わせて山口に来ていた愛さんの母親・セキさんが、次男・良彦さんの誕生後、赤痢の疑いで入院をして、そのまま重態となって、明治三六年八月に亡くなりました。思いがけない母との別れに、愛さんの心痛は計り知れません。明治四〇（一九〇七）年三月三一日から五月二日まで、愛さんは松本家の郷里、福井県武生へ一人旅をしています。愛さんが一人でこのような長旅をすることはこのときだけだったといいます。秀彦さんは、このときに帰省もして金沢や大聖寺を回り、次女・輝の遺骨を埋葬に行ったのではないかといいます。故郷の空気が少しは愛さんを慰めてくれたのでしょうか。同年一〇月には、源太郎さんの学習院転任が内定し、一一月には学習院教授兼学習院女学部長の辞令を受けました。そして、愛さん一家は再び東京へと居を移します。

源太郎さんの学習院在職中、一家は永田町にある官舎で生活をしました。当時はまだ洋服ダンスなどなく、源太郎さんの使用中の洋服類は愛さんお手製のカバーをかけていたということです。山口時代には食パンやカステラを手作りし、また、日常生活の中での裁縫などからも、愛さんの手先の器用さがうかがえます。そして、源太郎さんの着替えは、いつも愛さんが手伝いました。源太郎さんはイギリスで生活をしたことがあったにもかかわらず、ゲームなどがあまり好きではなく、子どもたちと双六やカルタをすることもありませんでした。その一方で、愛さんは瓜生家の影響か、トランプ等のゲームが好きだったといいます。しかし、源太郎さんがいる前では、進んでゲームに加わることはありませんでした。これは、愛さんが気の強い性格ながらも、源太郎さんの手前遠慮したのだろう、と長男・秀彦さんは振り返ります。

永田町時代も子宝に恵まれました。明治四一（一九〇八）年九月には三女の順、同四三（一九一〇）年二月には五男の直彦、翌年六月には四女の敬、大正二（一九一三）年四月には六男の貞彦、同五（一九一六）年八月には七男の正彦、と立て続けに子どもが誕生しています。愛さんは、七男四女、計一一人の子どもを出産したのです。現代では考えられません。この愛さんの子どもたちのそのまた子ども、愛さんのお孫さんたちは、今でも「いとこ会」と称して、毎年集合する場を設けていらっしゃいます。そして、愛さんは岩原家の義姉と芝居や長唄の演奏会に出かけ、学生時代から世話になっている瓜生家とも交流を続けました。愛さんのお孫さんたちには、親戚縁者との交流を大切にするという愛さんの気質が息づいているのでしょう。

一方、永田町時代にもまた、二つの不幸がありました。一つは、大正四（一九一五）年一一月一一日、源太郎さんが京都での御大礼へ行って留守中に、源太郎さんの母・もんさんが、数え年七七歳で亡くなりました。もう一つは、明治四四（一九一一）年一二月、これも源太郎さんが東北への出張中に、長女・孝が一三歳という若さで亡くなったのです。

長女の死

源太郎さんと愛さんの長女・孝は、明治三一年一月一七日に東京で誕生しました。幼少期の七年半を山口で過ごし、東京に戻ってからは、麹町小学校に通いました。小学校卒業後の明治四三年、孝は麻布日ヶ窪にある東京府立第三高等女学校へ入学しました。交通機関が発達していない当時、永田町の自宅から二㎞、復路は急な下り坂が二回もあった道のりを歩いて通いました。女学校では、成績も優秀で、運動神経もよかったといいます。そして、女学校に入学した頃からか、孝はヴァイオリンを習いはじめました。ヴァイオリンをはじめたのは、間違いなく愛さんの進言によるものでしょう。孝がヴァイオリンを師事したのは、東京音楽学校で愛さんの後輩にあたる頼母木駒子で、当時は東京音楽学校でヴァイオリンの教授をしていました（明治四三年度『東京音楽学校一覧』八四頁）。もちろん、孝が使ったヴァイオリンは愛さんが使用していたもの（元は幸田延さんから譲り受けたもの）で、愛さんが作った布の袋にヴァイオリンを入れて、レッスンに持参しました。自宅では愛さんが孝のヴァイオリンの練習を見ていて、愛さんはとても厳しかったといいます。このように、愛さんが自らの夢を託した孝のヴァイオリンの腕は上達しました。

明治四四年一二月、孝は腎臓病を患いながらも、二学期の定期試験を受験します。同時期に弟の良彦も腎臓病で、愛さんがそちらにかかりきりになっていたのと、成績優秀な孝に何としても試験を受けさせようとしたのがいけませんでした。同年一二月九日夜、源太郎さんの出張中に心臓麻痺で倒れ、孝は帰らぬ人となりました。病身でありながら、試験のために激しい坂道を登下校した過酷さは、想像に堪えません。

長女が幼くして亡くなったことは、愛さんにとっていうまでもなくつらい経験であり、それは孫が生まれておばあさんとなってからも、自身への教訓のように蘇ってきたことが、孫の恭子さんの証言からわかります。

これは母から聞いた話だけど、私が学校に入ったとき、体が弱く、体調を崩しました。幼稚園のいつごろから始めたのでしょう、一応ピアノのお稽古をしていたんですよ。そして、学校に入って、体を崩して、学校休んでばかりいて、転地しなさいって、何週間か伊豆の方に転地療養したの。そのときに、祖母からきつくピアノをやめなさいって。そんな弱い子に音楽なんかさせては駄目だと、って母が言われて、一年ピアノ休んだの。

〔「お母様に（ピアノを）やめるようにおっしゃった？」―筆者の問いかけ〕

私は小学校一年生くらいで、自分から意志で〔ピアノを習いに―筆者補足〕行っている訳ないじゃない。かなり母はきつく言われたらしいのね。それであのあとから、私はどうしてそんなに音楽をやった祖母が、そんなに私に音楽を、ピアノをやめろって、私に強くいったのかどうしてもわからなかったんですけど。どういうあれでいったのか。だから、そこで一年以上ブランク〔がある―筆者補足〕ピアノ、それはちょうど小学校のとき、だからなんとなく、あとになって祖母が音楽専門に勉強したのに、なんで私にやるなって反対したのか、なんとなくその引っかかったの、気分的に……

恭子さんのことばからは、東京音楽学校にまで行って音楽を専門的に勉強していた祖母が、なぜ孫である自分が音楽の勉強をすることを強く反対するのか、といった疑問がうかがえます。病弱だった恭子さんを見て、愛さんが思い出したのは、幼くして亡くなったわが子のことでした。

恭子さんの証言にも出てきたように、病身を回復させるために、愛さんの家族は何度か「転地」をしています。それは、病気を軽視して、長女を失くしてしまったことで、病身に対して慎重になっていたからかもしれません。明治四五（一九一二）年五月から六月にかけては、腎臓病を患っていた良彦の予後療養ということで、茂彦、直彦、そしてお手伝いさんも伴い、鎌倉に転地しています。また、愛さん自身も気管支炎を患い、大正五年の末に小田原へ転地をしています。同年八月には一一人目の出産をして、さすがに身体的につらかったのかもしれません。当時、小田原には瓜生家も住んでいたので、愛さ

瓜生外吉胸像（筆者撮影）

んにとって、小田原への転地はよい骨休めになったことでしょう。小田原の山角天神社には、瓜生外吉の胸像が立っています。私は二〇一三年に、帝京大学の小山俊樹先生の案内で、小田原を散策したことがあり、その際には瓜生家別邸の跡地も訪れました。瓜生坂と呼ばれる坂を登った高台、現在は更地になっているところに瓜生家の別邸がありました。別邸があったところからは、東海道本線を電車が走る様子が見下ろせる、見晴らしのよい場所でした。

長者丸へ

愛さんは、東京音楽学校でヴァイオリンを弾いていた時も和装をしていました。結婚後も和装をしていた愛さんが、洋装で公の場に出かけたことがありました。まず、明治四五年四月の観桜会です。このときは、茶色の洋服に白い羽毛を付けた大きな帽子も被りました。そして、大正四年一二月の皇太子命名式の夜、宮中で御能と夜会が催されたときには、白のレースの洋服で頭には鳥の羽根を付けました。いずれも学習院教授の源太郎さんに、妻としてお伴をしたものです。

愛さんの一家は、大正七（一九一八）年に永田町の官舎から、上大崎長者丸へと転居します。私が恭子さんをお訪ねしたのもこの長者丸のお宅です（当時の邸宅は建て替えられ

洋装の愛さん（長恭子氏提供）

ていました）。長者丸の自宅の敷地は六〇〇坪あり、隣は白金御料地（現在の自然教育園）で、そちらの敷地は七〇〇〇坪あったということです。私が恭子さんをお訪ねした際も、とても広いお庭に驚きました。しかし、恭子さんがおっしゃるには、居間から庭の先に見える首都高速を建設する際に、敷地が減ってしまったということでした。愛さんが生活していた当時は、広々とした庭が広がり、白金御料地の自然とあいまって、とても環境がよい空間だったことでしょう。長者丸に引っ越して一ヶ月ほどで、源太郎さんは学習院を退職しました。同年七月には、宮中顧問官に任じられています（『山口高等商業学校沿革史』一一七六頁）。

大正一二（一九二三）年九月一日の関東大震災のときには、愛さんが果敢な行動を見せます。震災直前の八月二七日に、源太郎さんは椅子が壊れていることに気が付かず落下して、左腕を骨折、入院をしていました。震災時、近辺の陸軍衛生材料廠の火災の火の粉が風に乗って、瓦がずり落ちていた松本家の大屋根の上に落下したのです。何度も火が付きかけたため、家族皆で井戸からバケツリレーで屋根に水を運び、消火活動にあたりました。その間、愛さんは一人家の中で、家族分の衣類をまとめていたのです。いつ火の手が上がるかもしれない家の中で、必死に家族のことを思いやって避難準備をしていた愛さんの咄嗟の行動には頭が下がります。幸いにも、長者丸の家の被害は最小限にとどめられました。しかし、愛さんの兄・謙三さんの自宅は全焼だったため、兄夫婦がしばらく長者丸に同居することになりました。震災の後始末の中、震災で治療も滞っていた源太郎さんの通院もあり、愛さんは心労からか、同年末の翌年二月中旬まで、肋膜炎で病床にありました。病気を患うまで、家族のことを気にかける、愛さんの人柄が察せられます。

しかし、翌大正一四（一九二五）年一月には肋膜炎が再発し、同月下旬には滋賀県の近江療養院に入院しました。近江療養院は、アメリカ人のウィリアム・メレル・ヴォーリーズが大正七年に設立した近江基督教慈善教化財団（現在の財団法人近江兄弟社）が、同年、金田村北之庄（現在は近江八幡市の一部、北辺に位置する）に開設した結核療養所です（近江療養院については、『近江八幡の歴史』第一巻　街道と町なみ〔近江八幡市史編集委員会編、近江八幡市、二〇〇四年〕第五章「かわりゆく近江八幡のまち」および、同第四巻　自治の伝統〔二〇〇八年〕第四章「市民社会と協働」を参照しました）。近江療養院では、良好な環境のもとでの理想的な結核の療養を目的として、慈善的医療が進められました。昭和二一（一九四六）年には近江サナトリウム、同四六（一九七一）年にはヴォーリーズ記念病院と改称しています。平成一四（二〇〇二）年には時勢からか、結核病棟を閉鎖し、現在もキリスト教精神に根ざした診療を行っています（「公益財団法人近江兄弟社　ヴォーリーズ記念病院」ホームページ　www.vories.or.jp　閲覧日：二〇一七年九月一日）。秀彦さんは、冬でも部屋を暖めずに窓も開け放しておく外気療法が効いたのか、愛さんの熱が下がったといいます（『母を語る』三九頁）。肋膜炎といっても、愛さんは結核の疑いがある病状だったのでしょう。入院は三ヶ月以上におよびました。しかし、それ以降、愛さんの身体は丈夫になり、晩年まで特に大きな病気もしませんでした。

　ところが、愛さんが近江八幡で入院をした大正一四年、源太郎さんが突然脳溢血で倒れ、翌日一一月二九日に亡くなってしまいました。愛さんは何の前触れも無く、三一年間の結婚生活に終止符を打つこととなりました。一家の大黒柱を失った愛さんは、窮地に立たされます。子どもたちは、大学三年生の長男・秀彦さんを筆頭に一番下は一〇歳、合計九人が育ち盛りです。当時は、源太郎さんが学習院を退職していたので収入は半減していて、源太郎さん亡き後に愛さんが受け取る扶助料は、源太郎さんが受けていた恩給よりもさらに半減することになりました。そこで、秀彦さんは大学卒業後、愛さんの兄・謙三さんの計らいで三井銀行に入社し、一家の切り盛りを買って出ました。

秀彦さんは、愛さんの一生は三つの時期に分けられるといいます。

第一は明治二十八年結婚する迄の独身時代で、瓜生とか兄とかの監督下にあったとはいえ、最も自我を発揮した時代である。第二は結婚から父が死ぬまでの三十一年間の結婚時代で、前に書いたように全く自我を抑えて夫に仕え、育児に専念した時代である。第三は父が死んでからの二十九年間の未亡人の時代である。（『母を語る』四〇頁）

愛さんの傍にいた息子さんだけあって、さすがに愛さんの変化を的確に捉えています。そのため、本書では、『母を語る』をベースに愛さんの歩みを知り、それに私がこれまで調べてきたことを付け加えて、愛さんの足跡をより立体的に描こうとしています。愛さんは元来責任感が強く、夫を陰で支えることに努めてきたものの、夫と息子とは同等に考えることができず、秀彦さんは源太郎さん亡き後の愛さんとの付き合いには困惑したようです。

秀彦さんは、愛さんに代わって一家の家計をやりくりしたものの、それが愛さんにとっては不満でした。しかし、愛さんの兄・謙三さんにお金を借りるにしても、妹の愛さんが直接交渉するよりかは、秀彦さんからお願いをする方が、スムースにいったといいます。昭和五（一九三〇）年一一月、秀彦さんは能見直子さんと結婚をしました。それからは、愛さんのストレスの矛先は、嫁の直子さんに向かいます。秀彦さんの不在中にも嫁姑のいさかいは繰り広げられ、昭和七（一九三二）年に生まれた秀彦さんの長女・恭子さんを連れて、直子さんが出て行ってしまったこともありました。直子さんはピアノが上手で、結婚当初は姑の愛さんのヴァイオリンとデュオをするのを楽しみにしていたそうです（『母を語る』八八頁）。愛さんには、東京音楽学校で首席だったプライドがあったでしょうから、当時から比べると落ちてしまったヴァイオリンの腕をお嫁さんに察せられるのを嫌がったのでしょう。直子さんが音楽を得意としていたことは、音楽への思いを押し隠していた愛さんを苦しめたのではないでしょうか。私は、音楽の夢を果たせなかった愛さんの軌跡を世に残すため、大学院在学中より愛さんについて広く伝えています。しかし、音楽的な才能を抜きにして、愛さんを一人の人間として見つめると、愛さんの困った部分も見えてきます。しかし、それも人物史研究の醍醐味でしょう。何もかも素晴らしい人間なんていません。感情を持った行動が見えてくることで、より生き生きとした人物史が描けるはずです。

　昭和に入ってからは、愛さんの身の回りでいくつか変化が起きます。昭和五年には三男・清彦さんが、馬場ゆき子さんと結婚し、馬場家に婿入りをします（清彦さんの長男は、伊澤修二の研究をしていた馬場健氏で、伊那でディットリヒの手紙を見つけて秀彦さんに報告をしました）。同年には、秀彦さんも結婚をしました。同六（一九三一）年には、次男・良彦さんが新宮涼子さんと、その翌年には三女・順さんが山田俊一さんと、同一〇（一九三五）年には、四女・敬さんが島茂雄さんと相次いで結婚をして、松本家は慶事が続きました。一方で、悲しい別れもありました。学生時代より姉のように慕っていた瓜生繁子が、昭和三（一九二八）年に亡くなりました。また、再び東京に住むようになってからは頻繁に行き来をしていた岩原家の義姉も、昭和六年に亡くなりました。

子どもたちが成長し、身動きが取りやすくなった愛さんは、たびたび旅行にも出かけています。昭和四（一九二九）年三月に次男・良彦さんが山形高等学校の教授となったため、愛さんは、同年六月、一〇月、同五年六月、その翌年六月と山形へ出かけています。良彦さんがまだ結婚をしていなかったので、身辺の手伝いも兼ねた骨休めだったのでしょう。また、昭和六年一〇月には、秀彦さん夫妻を伴い、源太郎さんの七回忌法要のため、武生へ行きました。法要の翌日は、大聖寺で岩原家の墓参りをして、片山津温泉に宿泊しました。その翌日から一週間ほど、愛さんは秀彦さんたちと別れ、一人大聖寺や金沢の辺りで過ごしたということです。源太郎さん存命中は、家庭を守ることが最優先で、長期間家を空けることなど考えられなかったことでしょう。

昭和一〇年一〇月一三日には、山口高等商業学校の改称三〇周年記念式が挙行されました（一九三五年一〇月一四日付『防長新聞』朝刊三面、『山口高等商業学校沿革史』一一七五〜一一七六頁）。それに伴い、初代校長の源太郎さんの胸像が設置されることとなり、愛さんと秀彦さんは招待され、約三〇年ぶりに山口を訪れ、記念式に列席しました。秀彦さんが除幕すると、大きさ二尺あまり、高さ六尺の「松本源太郎先生像」が現れました。この胸像は東京の横江嘉純氏の作で、制作にあたっては、秀彦さんや源太郎さんの知人らが何度も立ち会いました。除幕式では、秀彦さん、愛さんをはじめ学校関係者がこの胸像に玉串を捧げました。しかし、この胸像は残念ながら戦争中に供出され、現在は残っていません。愛さんと秀彦さんは、山口では、思い出の地などを巡り、帰りには山陰地方を旅行しました。松江や出雲大社を訪れ、宍道湖畔の宿に泊まり、翌日は小泉八雲の旧宅を見学してから、城崎温泉まで足を伸ばしました。親子水入らずの楽しい時間を過ごしたようです。

「松本源太郎先生像」除幕式に列席した愛さんと長男・秀彦さん（長恭子氏提供）

昭和一一（一九三六）年六月一五日から、愛さんは当時札幌にいた良彦さんを訪ね、北海道に滞在しました。翌月

岩原邸写真（中村昌生編著『普及版・数寄屋邸宅集成１』毎日新聞社、1995年、27頁より転載）

一二日に東京へ戻ると、同日夜に七三歳の兄・謙三さんが心筋梗塞で急逝しました。謙三さんには子どもがいませんでしたので、愛さんが喪主を務め、築地本願寺で葬儀を執り行いました。

謙三さんの遺言により、岩原家は愛さんの五男・直彦さんが継ぐことになりました。そして、愛さんは直彦さんとともに岩原家の邸宅に移り住み、秀彦さん夫婦からは離れて自由に暮らすことになりました。ホテル・オークラ（現東京都港区）からすぐ近くにあったこの邸宅は、中村昌生編『茶室のある邸宅』（普及版・数寄屋邸宅集成１、毎日新聞社、一九九五年）に紹介されています。昭和一四（一九三九）年一月には、直彦さんが川井晴江さんと結婚しました。それに伴い、愛さんの部屋を確保するために、二階を三間も増築しました。

そして、岩原家に移り住んでからも、愛さんは旅行に出かけました。昭和一一年一〇月には、秀彦さん夫妻と直彦さんとともに、謙三さんの納骨のために大聖寺へ行き、山中温泉および和倉温泉を訪れました。昭和一四年一一月には、阪神名流夫人の会である有隣会の四国旅行に誘われ、鞆の浦から高松、高知、室戸岬、岡山、伊賀、名張、蒲郡を一〇日ほどかけて巡りました。昭和一五（一九四〇）年正月には、秀彦さん夫妻、茂彦さん夫妻、直彦さん夫妻、貞彦さん、正彦さんと子どもたちとともに、房総半島の鴨川へ一泊旅行をしました。同年秋には、三女・順さんの出産にともない、門司へ出かけました。しかし、この年末、出産後の順さんは肺炎を起こし亡くなりました。愛さんが駆けつけたのはいうまでもありません。

そして、昭和一六（一九四一）年五月、愛さんは古稀を迎えました。翌月の源太郎さんの十七回忌法要も武生で執り行われ、愛さんは、秀彦さん夫妻と良彦さん、清彦さん、茂彦さんとともに旅をしました。高山線を経由して、一日目は飛騨高山で宿泊、翌日午後には芦原温泉へ行き、そこで一泊しました。三日目に武生で法要を行い、帰りは山中温泉に立ち寄るという、戦争が本格化する前の贅沢な旅でした。翌昭和一七（一九四二）年四月上旬には、謙三さんの四回忌法要のため、愛さんは良彦さん、貞彦さんともに大聖寺を訪れ、帰りには武生で墓参りをし、山中温泉にも立ち寄っています。同月下旬にも、愛さんは秀彦さん、良彦さん、そして亡き順さんの夫山田俊一さんとともに、山田家の郷里新潟県六日町へ順さんの納骨に行きました。その際も、湯沢温泉に立ち寄っています。これから、愛さんの旅行の大半は、親族の法要を郷里で執り行う際、その遠出に合わせて旅行をしていることがわかります。観光が主目的ではありませんので、合理的とはいえ、六〇～七〇歳代となった愛さんの行動力には驚かされます。愛さんの旅については、秀彦さんが把握しているものしかわかりませんので、実際にはさらに旅行に出かけていたのかもしれません。

そのようななか、戦争の影響は愛さんの一家にも迫りました。昭和一六年、茂彦さんが第二陸軍病院へ入隊して現在の北朝鮮へ渡りました。翌昭和一七年一月には、正彦さんが岩国航空隊へ、同一九（一九四四）年四月には、貞彦さんが東部第六部隊へ、同七月には、良彦さんが第六部隊へ入隊して、二人とも中国へ渡りました。貞彦さんは入隊時、結婚したばかりでした。愛さんは、昭和二〇（一九四五）年三月、岩原家の晴江さんと娘たち（喜美子さん、多美子さん）とともに、岩原家の郷里大聖寺へ疎開しました。疎開中、やっとの思いで切符を手に入れて、秀彦さんが母の様子を見舞いに行ったところ、愛さんはなんと、諏訪さんとともに和倉に出かけていました。疎開先でも、旅行を楽しんでいたのです。秀彦さんは、慌てて和倉へと追いかけました。その間、東京は空襲に見舞われ、秀彦さん不在中の自宅は大変だったということです。

終戦後、昭和二〇年一〇月には、岩原一家と愛さんは東京へ戻りました。しかし、岩原家はたくさんの戦災者がいたため、住むことができず、晴江さんとその娘二人は伊東の別荘へ行き、愛さんは長者丸の自宅に戻ってきました。ちなみに、伊東の別荘は愛さんの兄・謙三さんが建てたもので、謙三さんは正月以外使っていなかったものの、愛さんは岩原家に住むようになってからは、親しい人々とともに頻繁に利用しました。孫の恭子さんが伊豆に転地療養したというのも、この伊東の別荘で、愛さんが付き添っていたのかもしれません。岩原家は昭和二三（一九四八）年三月まで伊豆で生活をしていて、その間は愛さんも頻繁に伊豆を訪れたということです。戦争に出ていた愛さんの息子さんたちのうち、良彦さんと茂彦さんは無事復員しました。しかし、貞彦さんと正彦さんは残念ながら戦死報を受けました。

愛さんは、戦後も東京周辺の親しい人のところのみならず、宿泊を伴う遠出にも活動的に繰り出しました。昭和二二（一九四七）年一〇月には、京都の良彦さんのところに滞在しています。良彦さんの長男・松本道介先生は、愛さんがかつて務めた京都府高等女学校の後身、鴨沂高等学校に通う予定でした。しかし、良彦さんが岡山大学教授となり、それに伴う転居で、鴨沂高校に通うことはなかった、とご本人からお聞きしました。松本先生が鴨沂高校に通っていたら、愛さんと孫の松本先生との間に、京都府高等女学校時代の話に花が咲き、未知なるストーリーが聞き出せたかもしれません。良彦さんの京都の家には、昭和二三年、同二五年にも滞在しています。教員時代を過ごした京都で、当時の思い出に思いを馳せたことでしょう。

ここまでの愛さんの様子を見ていると、相当芯が通った、力強い女性像が浮かび上がってくることでしょう。胆の座った女性としての武勇伝も残されています。まず、一つ目は昭和二三年の京都滞在中、良彦さんの自宅に泥棒が入ったときのことです。良彦さん夫妻は一階に寝ていて、物音がするので電気を点けたところ、良彦さんは覆面をした泥棒に刃物を突きつけられ、手首を掴まれました。そこへ、二階で寝ていた愛さんが階下へ下りてきて、「何だ泥棒か」と一言言い放ったところ、泥棒は愛さんの気迫に押されたか、何も盗らずに退散したというのです。二つ目は昭和二六（一九五一）年六月の長者丸の自宅での出来事です。この夜、秀彦さん夫婦と娘二人はオペラ鑑賞に出かけていました。愛さんが一人留守番をしている自宅に、なんと目黒で無銭飲食をした豪州兵が、上体丸裸のうえ腕に怪我をした状態で、飛び込んできたのです。そのような恐怖を感じてもおかしくない場面で、愛さんはこの兵士を洗面台に連れて行って傷の手当てをしてやったというのです。孫の和子さんは、そんなときに愛さんは咄嗟に英語ができたのではないか、また、松本道介先生は、かつては外国人の先生に習っているので、戦後とはいえ、白人に対する恐怖感がなかったのだろう、とそれぞれおばあさんの度胸に感心していました。

そのような力強さを感じさせる愛さんは、昭和二七（一九五二）年四月に脳溢血で倒れました。このときは回復し、翌年には岩原家などに外泊もできるようになりました。しかし、倒れたときの愛さんは八一歳、体力の衰えは明らかでした。そして、昭和二九（一九五四）年四月三〇日、愛さんは遂に帰らぬ人となりました。死因は肝硬変、享年八三歳。数日前から、入院をしていた愛さんのもとに、これから演奏旅行へ出発する孫の恭子さんが見舞いに訪れました。カラヤンとともに、合唱の一員として関西方面への演奏旅行でした。死を目前に控えた愛さんは、かつての自身の夢であった音楽に、精力的に取り組む孫の姿を見て、安心感と喜びを覚えたことでしょう。

V　果たされた夢

恭子さんとの出会い

話を私自身のことに戻します。東京藝術大学の大学院に入学した私は、音楽の専門書が数多く配架されている、同大学の附属図書館で、今までなかなか目を通すことが難しかった書籍を手に取る機会に恵まれました。その中の一冊が、生田澄江『瓜生繁子—もう一人の女子留学生』です。この本の中に私を驚愕させるようなことが書いてあったのです。それは、京都府高等女学校で教員をしていた岩原愛と、瓜生繁子は義理の従姉妹にあたるということ。さらに、著者の生田先生は、岩原愛のお孫さんに実際に会っていらっしゃるのです。学部生の頃から、音楽を学んだ個人の視点からの研究がしたくて、明治期に音楽を学んだ人物の子孫をあの手この手を使って探してきました。

生田先生の著書を読むと、平成二〇（二〇〇八）年に東京藝術大学が創立百二十周年記念行事として開催した「芸大はアメリカから始まった」というシンポジウムの基調報告にて、当時大学史担当学術研究員であった橋本久美子先生が瓜生繁子を洋楽史の観点から先駆的な人物として紹介されていたということに目が留まりました（『瓜生繁子—もう一人の女子留学生』一一七頁）。私が藝大の大学院に入学した年、橋本先生は楽理科で藝大の歴史を扱う授業を担当されていて、私も学部生に混じってその授業を聴講していました。

音楽学特論という名称がついたこの授業は、楽理科の三・四年生を対象とした授業で、ゼミのようにコの字型に配置された座席に座る、アットホームな授業でした。授業を聴講するようになってから、普段は大学史編纂室（当時）にいらっしゃる橋本先生のもとに、文献や史料を求めて訪ねるようになりました。生田先生の著書では、橋本先生が非常に好意的に紹介されていたため、きっと面識があるだろう、と妙な確信を持って、紹介いただきたい旨をお願いしました。そうして、橋本先生を通して生田先生の連絡先を知り、電話でお話をして、後日池袋でお会いすることとなりました。

平成二二（二〇一〇）年一一月、生田先生との待ち合わせ場所に到着した私は、ご著書の中の写真を頼りに、先生らしきご婦人を見つけました。研究のためには、どんなところにも乗り込んでいく私ではあったものの、先生を前に躊躇してしまい、袋から著書『瓜生繁子―もう一人の女子留学生』を取り出すと、それを見ていた先生の方から声をかけてくださいました。生田先生とは軽食を取りながら、これまでの研究の経緯（私がこのような研究をするきっかけになったのは、他でもない繁子です）をお話しし、京都府高等女学校で教員をしている愛さんのことを知りました、ぜひご子孫の方を紹介してください、とお願いをしました。その時にご紹介いただいたのが、中央大学文学部名誉教授の松本道介先生です。

年が明けて平成二三（二〇一一）年一月、都内の松本道介先生のお宅にうかがいました。

教えていただいた道順を辿っていき、このあたりかなと少々迷っていたところ、先生がご自宅から出ていらして、迎え入れてくださいました。愛さんのお孫さんにあたる松本道介先生からは、幼少期に愛さんから送られた葉書を見せていただきました。私がこれまで女学校の教員として認識していた愛さん、行政文書や同窓会雑誌の中からなかなか出てくることがなかった愛さんが、現実の世界の人物なのだと再認識させられた瞬間でした。松本先生から、愛さんの教科書や楽譜など関係するものは、愛さんの長男の家族が持っていると説明を受けました。しかし、愛さんの長男の娘にあたる先生の従姉は今会うのが難しい状況であるということ……。その事情はというと、松本先生の従姉・恭子さんは、一人娘を病気で亡くされ、ひどく落ち込んでいる、とても他人に会える状況ではない、とのことでした。松本先生からは、私が愛さんに関する史料を探していることは伝えておくけれど、実際に会えるかどうかはわからない、と言われ、先生のお宅を後にしました。私がしている研究で、人様に迷惑をかけてしまった、事情も知らずに厚かましくお願いに行ってしまった、と帰路、非常に重い気分でした。今まで何としても新しい史料を、と突き進んできたものの、人様に負担をかけてまで研究を優先することは、私にはできません。

そうして、愛さんにこれ以上迫ることは難しいと考えて過ごしているところ、松本先生から連絡がありました。恭子さんに私が訪ねてきたことを話すと、私に会ってみるとおっしゃったというのです。思わぬ展開に驚きが隠せないまま、私は松本先生に連れられて上大崎の旧松本邸を訪ねました。愛さんも過ごした同じ場所にその後建てられた長者丸のお宅です。愛さんの長男・秀彦さんには、恭子さんと和子さんという二人の娘さんがいらっしゃいます。長者丸の自宅は当時、松本の表札を掲げたまま、長恭子さんがご主人とお二人で暮らしていました。

呼び鈴を鳴らして、内側から扉を開けてくださった恭子さんの第一印象は、小柄なおばあさんという感じでした。小柄というよりかは、精神的な痛みで気弱になっていて、小柄に見えたのかもしれません。この日は、自己紹介と私の研究の概要をお話ししました。そして、愛さんによる写譜と愛さんが所有していたヴァイオリンの楽譜を借り受けることになりました。これらが、本書でも取り上げた楽譜です。昭和七（一九三二）年生まれの恭子さんは、東京藝術大学の声楽科のご出身で、卒業後は附属音楽高校でソルフェージュを教えていらっしゃいました。その後は、東京音楽大学、洗足学園音楽大学でも講師を務められました。愛さんが岩原家で生活をしていた昭和一一（一九三六）年から同二一（一九四六）年の時期を除いて、愛さんと生活をともにしていました。私が母校の学生であるということ、また、声楽を学んでいるということから、親近感を持っていただけたようです。そして、後日愛さんについてのお話を聴かせていただきたい、とお願いをしたところ、躊躇いながらも承諾いただきました。

恭子さんを訪ねてしばらくしてから、東日本大震災が起きました。都内で帰宅難民になった私は、朝やっと当時住んでいた川崎のマンションに戻り、夕方には実家のある神戸へと帰り着きました。そして、約一ヶ月は実家で過ごし、その間、恭子さんや松本先生とは手紙でやり取りをしました。次に恭子さんを訪ねたのは、平成二三年七月一五日でした。この日は、「愛さんが東京音楽学校を卒業したと知ったのはいつか」「愛さんが何か楽器を演奏することはあったか」「愛さんは演奏会に足を運ぶことはあったか」「安藤幸が自宅に訪問した際には、ともにどのようなことをしていたか」「恭子さんが自宅で歌の練習をすることに対して反応はあったか」「愛さんが京都府高等女学校の教員をしていたことを知ったのはいつか」といった具体的な質問項目を事前に送らせていただきました。そして、当時東京藝術大学大学院音楽教育研究室のゼミに出講していらした東京大学の岡田猛先生（心理学）から、音楽に特化した質問を投げかけると、「わからない」という答えが返ってくるかもしれないので、おばあさんとの思い出を教えてください、と幼少期から順に尋ねるとよいとの助言をいただきました。そうすると、音楽に関するエピソードを思い出し、漏れ話してくれるとのことでした。

恭子さんへの聞き取りを終えてからも、恭子さんとのお喋りは続きました。ご自身の教え子のリサイタルの話、卒業式の定番曲となった《旅立ちの日に》は教え子が作ったという話、ご自身が編集に携わったソルフェージュの教材の話、と話は尽きません。恭子さんからは、ご自身も編集に携わったソルフェージュの教材をいただきました（伊藤節子・遠藤雅夫・糀場富美子・佐瀬道子・嶋田留美・長恭子・宮原成子『新曲577』河合楽器製作所・出版部、一九八二年、同『続新曲503』同、一九八五年、同『続々新曲446』同、一九九一年、伊藤節子・糀場富美子・佐瀬道子・嶋田留美・長恭子・成田和子・久田典子・坂多賀子『独奏曲から管弦楽曲まで　名曲視唱曲集Ⅰ　ルネッサンスから現代』音楽之友社、一九九九年、同『独奏曲から管弦楽曲まで　名曲視唱曲集Ⅱ　ルネッサンスから現代』同、一九九九年）。楽しそうに音楽の話をする恭子さんからは、落ち込んでいて人に会える状態でない、と松本先生から聞いていた様子をまったく感じさせず、生き生きとしておられました。そして、「私に孫がいたら、ちょうどあなたくらいなのよね」とおっしゃったとき、私自身も亡くなった祖母と重なるものを感じていました。この聞き取りの前年に亡くなった恭子さんの娘さんにはお子さんがいらっしゃらなかったそうです。そのため、お孫さんがいらっしゃらない恭子さんは、ご自身のおばあさんである愛さんのことを思い出しながら、母校の東京藝術大学に在学している私を孫のように感じてくださったのかもしれません。後日、松本先生から聞いた話では、私と会ってからの恭子さんは生き生きとしていて、再び生きる意欲を取り戻したかのように元気になったということでした。それを聞き、私もかつて東京藝術大学で声楽を専攻した恭子さんを、東京の祖母のように慕うようになりました。恭子さんからは、妹の和子さんも紹介いただけることになりました。

平成二三年も終わりに近づいた頃、恭子さんから電話がありました。愛さんのアルバムが見つかったからもらってほしい、というお話でした。血縁関係にない私が愛さんのアルバムをもらってよいものか、戸惑っていたら、「もうすぐ出る検査の結果がどうもよくないみたい」と心細げにおっしゃいました。身辺整理をしたいから、アルバムを見に一度ご自宅へ来てほしいということでした。その際に、妹の和子さんも呼んでくださるとのことでしたので、和子さんには事前にお手紙を書いて、愛さんに関する聞き取りの了承を得ました。

平成二三年一二月八日、上大崎の旧松本邸の呼び鈴を鳴らすと、この日も小柄な恭子さんが迎えてくれました。私は真っ先に、「お身体の具合はいかがですか」と尋ねると、恭子さんは言葉を濁されました。お宅の中へ通されると、和子さんのほか、松本道介先生、松本先生のご子息・松本宗雄さん夫妻もいらっしゃいました。まさに、親族が集合していて、愛さんの関係者が集まっているこの場に私がいてよいのか、と不思議な気持ちになりました。

愛さんのアルバムには、京都府高等女学校の同窓会である鴨沂会の写真も見られました。家族の記憶にはなくとも、愛さんは退職後も、京都府高等女学校との関わりを大切にしていたのです。私は令和四（二〇二二）年には、『鴨沂会雑誌』の調査を再開し、鴨沂会の東京支部の活動についても、毎号のように記事が掲載されていることを知りました。東京

鴨沂会東京支部集合写真（長恭子氏提供）、前列右より２人目が愛さん

支部の臨席者は、旧職員も含めて姓名が掲載されているため、恐らく昭和初期のものを調査すると、愛さんが鴨沂会の東京支部にどの程度顔を出していたのか、明らかになるはずです。愛さんのアルバムに収められた写真から、昭和二（一九二六）年、同三（一九二七）年とあと一回、東京支部の会に出席していたことがわかっています。今回は、調査が追いつかず、手法の提示になってしまったので、今後の課題としたいです。

また、ヴァイオリニストのフリッツ・クライスラーが来日した際の歓迎会の写真にも、愛さんがしっかりと写っていました。クライスラーの大ファンだという宗雄さんは、曾祖母とクライスラーが同じ写真に写っていることに感激し、私が

クライスラー来日歓迎会（大正12年）、左から２人目が愛さん（松本宗雄氏提供）

到着する前は涙していたそうです。アルバムの他に、伊澤修二や幸田延から贈られたポートレートや愛さんが友人と撮影したと思われるスナップ写真、愛さんが京都の写真館で撮影した写真（一一九頁）もありました。写真からは、愛さんの交友関係も見えてきます。これらの写真の多くは、現在私が大切に保管させていただいています。

写真を見せていただいた後、和子さんに聞き取りに応じていただきました。岡谷和子さんは、昭和一〇（一九三五）年生まれ、子供のための音楽教室の一期生で、指揮者の小澤征爾さんの同期にあたります。桐朋学園高等学校音楽科を経て、桐朋学園短期大学音楽科でピアノを専攻し、卒業後は研究科に進学してさらにピアノの研鑽を積まれました。桐朋の高校も短大もすべて一期生です。そのため、斎藤秀雄先生のオーケストラでは、ピアノが専攻にもかかわらず、ホルンに指名されて、本科のピアノの修業に励む傍ら、ホルンのレッスンにも通われたそうです。和子さんと愛さんの音楽に関わるエピソードについては、後述します。

この日、同席していた松本先生から、愛さんの五男・直彦さんのご夫人・岩原晴江さんをご紹介いただけるというお話がありました。愛さんの兄・岩原謙三さんにはお子さんがいらっしゃいませんでした。そのため、謙三さんが亡くなった後、直彦さんが岩原家へ養子に入ったというのは前述した通りです。愛さんの生家（実際の生家は石川県大聖寺）でもある岩原家において、愛さんは約一〇年間、直彦さん家族と生活をともにします。恭子さんの家族と同居していない期間があるのは、そのためです。高齢の晴江さんは、記憶がとてもしっかりしているので、何か話が聴けるかもしれない、という松本先生のご提案でした。

そして、翌年平成二四（二〇一二）年三月、松本先生に連れ

松本家家系図

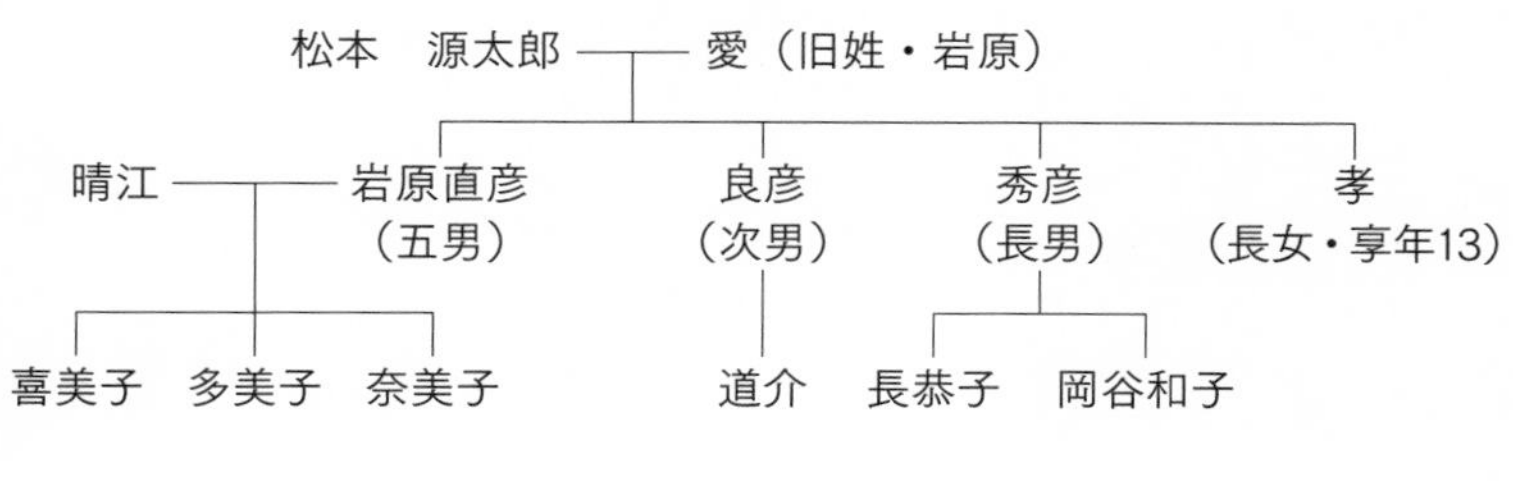

2012年３月、岩原家にて、左より、筆者、松本道介先生、岩原晴江さん、石川多美子さん、山口奈美子さん

られて都内の岩原家を訪ねました。岩原晴江さんは、大正七（一九一八）年生まれで、昭和一三（一九三八）年に愛さんの五男・直彦さんと結婚し、戦後愛さんが恭子さんたちが暮らす松本家に戻るまでの間、愛さんと生活をともにしました。私が訪ねた岩原家では、晴江さんが一人暮らしをしていて、頻繁に次女の石川多美子さん（昭和一九年生まれ）と三女の山口奈美子さん（昭和二一年生まれ）が訪れているということでした。この日も、私と松本先生が訪ねるということで、晴江さんの家には、既に多美子さんと奈美子さんがいらしていました。直彦さんと晴江さんの間には、長女の尚喜美子さんもいらっしゃるものの、沖縄在住とい

うことでお会いすることはできませんでした。

このように、私は生田先生に松本先生を紹介していただいたことをきっかけに、恭子さん、和子さん、晴江さん、多美子さん、奈美子さんという、愛さんのご家族とお会いすることができたのです。

器用なおばあさん

ご家族の方によると、愛さんはきっと運動神経がよかったのだといいます。そして、手先も器用だったということは、長男・秀彦さんも『母を語る』の中で述べています（一〇～一一頁）。愛さんが東京音楽学校を卒業し結婚後、さらには孫ができてからのことですけれど、和子さんからはこんなエピソードを聴きました。和子さんは、小学校で人形をつくりました。その人形に着せるための和服や、人形用の布団を愛さんが縫ってくれたということです。岩原家を訪問した際には、晴江さんが保管していた愛さんが作った小物入れを見せていただきました。愛さんは、姉妹のように親しくしていた山下千代子さん（従兄・瓜生外吉の長女）のところへ、袋物を習いに出掛けていたといいます（『母を語る』五〇頁）。長男・秀彦さんも、愛さんが自宅で財布や楊枝入れ、巾着といったものを作っているのを見たことがあるそうです。大正生まれの私の曾祖母も手芸が得意で、巾着や印

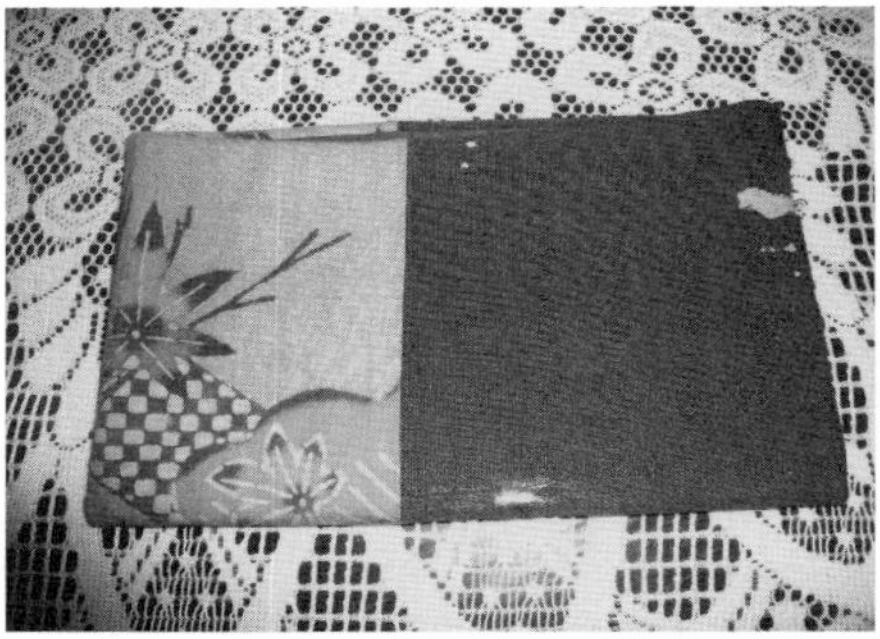

愛さん作製の小物入れ（岩原邸にて、筆者撮影）

鑑入れ、座布団カバーなどを作っていました。それは曾祖母が亡くなってから二〇年以上経った今まで継続して使用できるほど、丈夫なものです。手芸など細かな作業は、向き不向きがありますから、愛さんの小物入れを拝見すると、きっと細かい作業が得意で、手芸を趣味としていたことがうかがえました。

　この手先の器用さがヴァイオリンを専攻することにつながったのでしょう。現代では、ヴァイオリンはピアノと同様に、幼少期からレッスンを受ける子どもが少なくありません。しかし、愛さんが幼少期を過ごした明治時代は、ピアノやヴァイオリンの音を聴くことも珍しく、学校教育の中に「唱歌」という歌を導入しようと模索していた時代です。小学校に唱歌教育が導入されはじめ、唱歌教員の養成から一歩進んで、音楽家を養成しようと、音楽取調掛を改めた東京音楽学校では、音楽の専門教育を開始しました。つまり、音楽専門教育の最初期において、ヴァイオリンを専攻したのが愛さんです。愛さんは、東京音楽学校に入学するまで、ヴァイオリンに触れたこともなかったはずです。しかし、江戸時代から良家の子女は嗜みとして、箏や三味線を習うことはありました。愛さんが幼少期から箏や三味線を習っていたという証言は得ていないものの、恭子さんや和子さんは、自宅に安藤幸や同じく東京音楽学校の後輩の杉浦チカ（明治三一年専修部卒業、明治三五年より同校の助教授となりピアノ・唱歌を担当）が遊びに来た際、愛さんたちが三味線を弾きながら語らっていたのを見たといいます。ヴァイオリンを専門とする幸も、幼少期に嗜みとして三味線のお稽古を受けていたのでしょう。常日頃というわけではなく、あるときには三味線を出してきてそれに興じる姿からは、三味線の嗜みがあり、咄嗟にそれを弾くことができる器用さをうかがうことができます。

おばあさんと音楽

愛さんは、結婚して再び東京に住むようになってから、音楽の勉強を再開しました。しかし、妊娠、出産を経て、音楽の夢を長女に託します。長女が自宅でヴァイオリンを練習するのを厳しく見ていたというのは、先にも述べた通りです。手塩にかけて育てていた長女を失ってからは、音楽との関係を絶ったと家族の誰しもが思っていました。その理由は、音楽への夢を託した長女を失ったことだけでなく、子育てに忙しく、音楽を楽しむ余裕がなくなったのかもしれません。

恭子さんに初めてお会いした時には、自分のおばあさんは音楽とはあまり結びつかないという印象を持っているよう見受けました。そのため、東京音楽学校を卒業したおばあさん、音楽教員だったおばあさん、といったおばあさんの様子を聞き出そうとすると、まったく音楽の話は聴けないかもしれないので、先述のように、おばあさんとの思い出を語っていただきました。また、恭子さんは幼少期、身体が弱く、愛さんからピアノを習うことを反対されました。東京音楽学校を卒業した祖母が、孫が音楽をすることに反対したことには、恭子さんにとっては成長してからも納得がいかなかったようです。愛さんは、友人の安藤幸たちとともに自宅で三味線に興じることはあっても、決してヴァイオリンを弾くことはありませんでした。

愛さんが音楽会に出かけるところも、恭子さんは見たことがなく、エフレム・ジンバリストが来日した際の演奏会のプログラムを発見したときは、愛さんが演奏会に足を運んだことに驚いたといいます。このときのプログラムは未見なので、正確な年月日はわかりません。ジンバリストは大正一一（一九二二）年四月に初来日し、五月一日から五日間にかけて、帝国劇場にてリサイタルを開催しています（前掲、松本善三『提琴有情―日本のヴァイオリン音楽史―』一七五～一七七頁）。この帝劇でのリサイタルには、幸田延さんも足を運んでいます。その後、ジンバリストは、大正一三（一九二四）年一二月、昭和二（一九二七）年一一月、同五年九月、同七年九月、同一〇年五月、と二～三年ごとに来日し、演奏会を開いています（同書、年表より）。恭子さんが父の本か何かに挟まっていたそのプログラムを見たのは、大正の終わり頃のものだったといいます。もっとも、発見されたプログラムが一部のみで、家族の誰もが知らずに、愛さんがほぼすべての演奏会に足を運んでいたことも考えられます。西洋音楽よりも、歌舞伎や芝居に出かけることが好きだった（ように見えた）祖母は、恭子さんにとっては、西洋音楽とはかけ離れた存在だったのです。音楽鑑賞を好む両親とともに、恭子さんがオペラに出かけるときも、愛さんは決まって留守番をしていました。

大正一二（一九二三）年にクライスラーの来日演奏会に足を運び、「歓迎会」にも列席したのは、恭子さんが生まれる以前のことでした。同年五月一日から五日間、クライスラーも同じく帝国劇場でリサイタルを開催しました（同書、一八六〜一八九頁）。しかし、私も同席させていただいた親族の集合の場で、クライスラーを囲んでいる写真を見ている際の皆さんの驚いた様子からも、お孫さんたちにとって愛さんが音楽とは結びつき難いものだったことがわかりました。

さて、運命とはこのことでしょうか。恭子さんは、東京藝術大学音楽学部を受験します。東京藝術大学音楽学部の前身は、愛さんが卒業した東京音楽学校です。若き日に自らの夢を託した音楽、自身の母校を目指す孫娘の行く末に対して、おばあさんであれば気にかけないはずはありません。昭和二六（一九五一）年、恭子さんの東京藝術大学合格発表の日、恭子さんはお母様とともに大学へ発表を見に行きました。その間、愛さんが留守番をしていた自宅に電話がかかってきました。電話の声の主は、恭子さんの声楽の先生でした。その電話は、恭子さんの東京藝術大学合格を知らせるものだったのです。愛さんは、合格の報を受け、思わず涙を流したといいます。恭子さんとお母様は帰宅した際、愛さんの涙を見て大いに驚きました。それまで、孫娘に東京音楽学校の様子や、京都での教員時代など、音楽に関わってきたことを一切語らなかった愛さん、孫娘が音楽をやることに反対し、無関心にも見えた愛さん、そんな愛さんがはじめて表に出した感情でした。志半ばで断念した音楽の道、その音楽の夢を託した長女の死、感情を表に出すことはなくても、何も語らなくても、愛さんは孫娘たちが若き日の夢を果たしてくれることを期待していたのでしょう。安藤幸をはじめとする東京音楽学校時代の友人との交友関係が長く続いていたことを考えると、東京音楽学校で親しくなった彼女たちが、自身の孫が音楽の道を志していることについて、話題にしないわけはありません。愛さんが音楽に無関心を装っていた様子は、恭子さんの言葉からもわかります。

昔からおばあさんだと思っているわけ。それ以外の何物でもなかった。本当に昔のこと何にも言わなかった。自分からは何にも話さなかった。本当に自分の感情を出されたのは、私が受かって涙を流したっていう、初めて外にね、おまけに電話の相手の私の先生にね、わかるくらい、そこで泣いちゃったっていうのは、そう本当にそれはもう信じられないことだったの。

このことばは、私が恭子さんに対して、愛さんが京都府高等女学校で教員をしていたことについて、愛さん自身が何か話をしたことがあったのかを尋ねた際に漏れたものです。

昭和二六年四月、恭子さんは晴れて東京藝術大学音楽学部声楽科に入学します。それは、愛さんにとっても、何事にも代え難い喜ばしいことでした。同年一〇月四日には、同声会（東京音楽学校以来の東京藝術大学音楽学部同窓会）主催で「東京音楽学校にお別れする会」が催されました。明治二〇（一八八七）年一〇月に音楽取調掛を改組し、音楽の専門教育機関として発足した東京音楽学校は、昭和二四（一九四九）年五月、新制大学の東京藝術大学音楽学部（東京美術学校は同大学美術学部）となりました。孫娘が東京藝術大学に合格を果たしたその年、八〇歳になった愛さんは堂々と母校である東京音楽学校最後の行事に出席をしました。この「東京音楽学校にお別れの会」には、学部一年生に在籍していた恭子さんも合唱で出演しました。奏楽堂で合唱の一員として出演する孫娘の姿を見て、愛さんは非常に喜んだといいます。これまで、音楽をやる孫の姿にはほとんど無関心を装っていたのとは、明らかな変化です。恭子さんが母校の後身である東京藝術大学へ入学したことで、愛さんの夢は果たされたのです。当日のプログラムのコピーが、東京藝術大学の大学史史料室に残されています。

演奏曲目

第一部　洋楽（13時開演）

☆　独唱・合唱・管絃楽

第九交響曲…………ベートーヴェン

第四楽章「歓喜に寄す」

指揮　金子登

独唱　ソプラノ　毛利順子

アルト　中村浩子

テナー　渡辺高之助

バリトン　石津憲一

第二部　邦楽（14時開演）

☆　能楽

高砂……………………仕舞　宝生九郎

地　菱田尚三

佐野萌

遠山俊道

屋島……………………仕舞　島澤俊一

地　浅見重弘

浅見重信

武田四郎

☆　箏曲

松風……………………唄

箏

岸辺従　野口ふみ子
緒方美恵子　西山松枝
小澤道　鹿島美智枝
小山富美子　西島三八子
小宝智江

三絃
小山節子

落葉の踊り……………宮城道雄作曲

箏　上木康江
三絃　土橋明
十七絃　菊地悌子

☆長唄

越後獅子……………………

唄　菊岡米子
芳賀春子
鈴木輝子
三味線　田島佳子
高橋泰子
山崎みどり

東京音楽学校にお別れの会で旧友とともに（松本宗雄氏提供）。左から杉山長谷夫、麻生富久、熱田朔、杉浦ちか、小松耕輔、安藤幸、愛さん

第一部に洋楽、第二部に邦楽、とまさに東京音楽学校の各専攻の総力を結集したプログラムとなっています。声楽科一年生の恭子さんは、ベートーヴェンの第九の合唱でステージに上がったのでしょう。その後、恭子さんは愛さんに演奏会に来てもらう機会がなかったと悔やんでいました。当時は引っ込み思案で、愛さんに対して、聴きに来てほしいと切り出すことが難しかったそうです。しかし、四年生になると演奏の機会も増え、恭子さんは聴いてほしいけれど、愛さんが演奏会に出かけられる状態ではありませんでした。もし、恭子さんが演奏会に出演する際に、愛さんを招待していたら、愛さんはきっと喜んで出かけていったにちがいありません。

しかし、普段の愛さんの様子を見ていると、恭子さんは愛さんに対して、なかなか音楽の話題を持ちかけるのが難しかったのでしょう。孫娘が晴れて母校の後輩になったのですから、恭子さんが歌の練習をしていると助言をしてもよさそうなものですけれど、愛さんは一切口を挟まなかったといいます。それは、恭子さんの強いことばからもわかります。

何も、一切なかった。もう本当に一切。音楽に関して、私に何か言うとか、批評めいたこと言うとか、褒めてくれるとか、一切なし。ですから、なんとなく、私は祖母はもう無関心だと思ってた。

父もそうだった。一生懸命だったのは母でね（笑う）。さっきもお話ししたけど、妹だけがただ一回だけ、ピアノさらっているところへ祖母が来て、しばらくいて随分うまくなったって言われたのが一回だけ。

恭子さん自身は、愛さんから音楽に関して助言を受けるようなことはありませんでした。しかし、たった一度だけ、妹の和子さんはピアノの練習中に褒められたことがあるといいます。「さっきもお話しした」というのは、私と恭子さんのお喋りの中で語られた、次のようなエピソードです。コンクールを目前に控えていた和子さんは、自宅で毎日何時間もピアノの練習をしていました。すると、愛さんが「うまくなったわね」と声を掛けました。コンクールを直前に控えて苛立っていた和子さんは、愛さんに対して、「うるさい！」と言ってしまったそうです。高校生の女の子が苛立って祖母に暴言を吐く、あまり好ましい光景ではないですけれど、思い通りにいかない女の子がおばあさんに対して素直になれない、家庭でのよくある一コマです。このエピソードを、毎日同じ曲を弾いているから祖母はうるさいと思ったのでしょう、と和子さんは恭子さんに対して語ったといいます。しかし、このエピソードを聞いた恭子さんは、おばあさんはきっと妹のピアノが気になっていたのであろうと考えました。私も恭子さんのおっしゃる通りだと思います。愛さんは、孫たちの日々の練習に耳を傾け、普段は無関心を装いながらも励まし続けたのでしょう。和子さんの練習に対して声を掛けたのは、愛さんが亡くなる前年のことでした。姉の恭子さんが見事東京藝術大学に入学を果たし、この時期には、愛さんにとって音楽に取り組む恭子さんや和子さんは、誇りであり、自身の夢でもあったはずです。そして、戸惑いながらも孫へのエールを口に出したのでしょう。

音楽に無関心なおばあさん、恭子さんと和子さんが暮らす松本家での愛さんは、そのようなおばあさんでした。しかし、同じく愛さんのお孫さんの多美子さんと奈美子さん（岩原直彦さん次女・三女）によると、岩原家での愛さんは孫たちがピアノの練習をしている時には横にいて、「ここはこのように弾いた方がよい」といったアドバイスをしていたというのです。これまで、特に恭子さんからは、祖母は音楽に関心があるようには見えなかった、と強調されていたので、多美子さんと奈美子さんの証言には驚きました。それと同時に、やはり愛さんの中で音楽はとても大切なものだったのだ、と少し安心感を得ました。そのような驚きと安心を得た岩原家からの帰路、松本先生から、愛さんは松本家のお嫁さん（恭子さん・和子さんのお母様）との関係があまりよくなかったという話を聞きました（『母を語る』でもいわゆる嫁姑バトルの描写が語られていました）。お嫁さんのいる松本家よりも、息子の直彦さんが継いだ生家岩原家の方が、愛さんは遠慮をすることなく、自分を出すことができたのです。愛さんと直彦さんのご夫人・晴江さんとはとても仲が良かったといいます。恭子さんと和子さんの話だけでは見えなかった愛さんの姿が、晴江さんや多美子さん、奈美子さん、松本先生にもうかがったことで、浮かび上がってきました。おばあさんになった愛さんの中には、若い頃に一生懸命取り組んだ音楽がしっかりと生きていたのです。

　そして、愛さんは昭和に入ってからも、かつて務めていた京都府高等女学校の同窓会である鴨沂会にも足を運んでいたことが、アルバムに遺された写真からわかりました。愛さんは、昭和二（一九二七）年秋に神田如水館、同三（一九二八）年に溜池三会堂、そして開催年は不明であるものの、深川の岩崎別邸で開催された鴨沂会に出席しています。元教員として、同窓会に出席していることから、音楽教員であった自身の過去を大切にしていたことがわかります。また。昭和四（一九二九）年一一月一日に上野で開催された、東京音楽学校創立五十周年記念の行事にも出席しているばかりか、アルバムには愛さんと近い時期に東京音楽学校で学んだ同窓生との写真も遺されていました。家族からは音楽に無関心と見えても、愛さんにとって音楽は青春時代を捧げたかけがえのないものだったのです。

先に述べたように、東京音楽学校時代からの友人、安藤幸とは生涯にわたって交友関係が続きます。松本家には、幸の姉・幸田延が明治二〇年代前半、留学中に送ったポートレートが保管されていましたので、愛さんは延さんとも交流があったことがわかりました。愛さんが学生時代から使用していたヴァイオリンは、幸田延さんから譲り受けたもので、ストラディバリウス（Stradivarius）と一文字違いで、ストラディワリウスと、vとwが違っていた楽器だったと恭子さんはおっしゃいます。しかし、鑑定してもらうと、ストラディバリウスには及ばないものでも、悪い楽器ではなく、プロのオーケストラで使用するのにも対応できるよい楽器でした。愛さん自身はこの楽器を弾くことはなくても、生涯大切にしていました。さらに、松本家には、昭和六（一九三一）年六月の「幸田延子先生功績表彰会」に際しての記念冊子も保管されていました。この「表彰会」に愛さん自身が列席したかはわからないものの、幸田延さんとも東京音楽学校時代より交友関係が長く続いていたことは明らかです。この冊子には、延さんが作曲した《蘆間舟》（アルト独唱曲・女声二部合唱）および《天》（四部合唱）の楽譜が収録されています。明治という、日本が西洋の文化を受容しようと動きはじめた頃、愛さんは西洋音楽という分野に挑戦をしました。結婚を機に、一見音楽とはかけ離れた生活を送っていたように見えて、実際は音楽

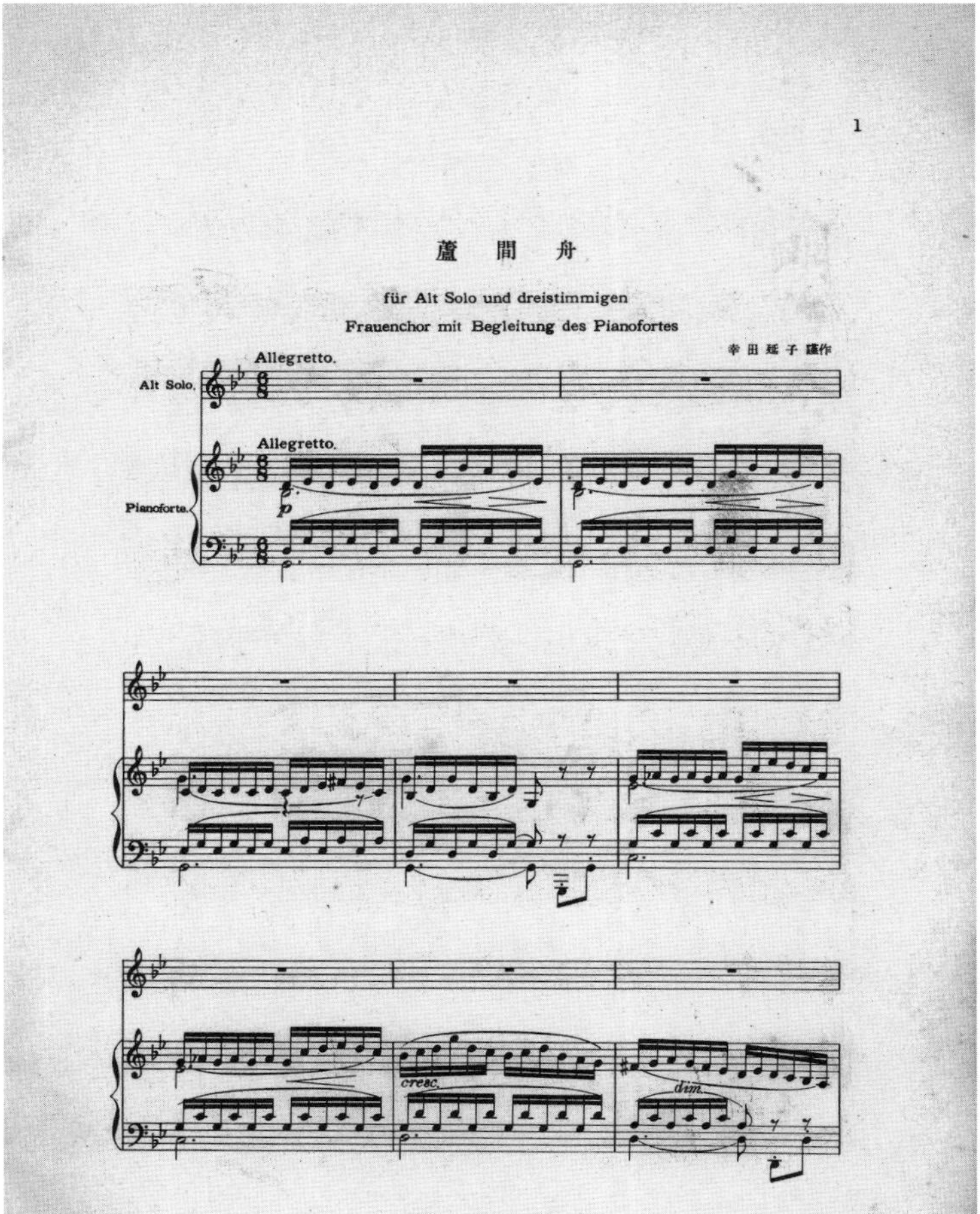

幸田延さん作曲の『蘆間舟』の冒頭部分（幸田延子先生功績表彰会の記念冊子（1931年）より、長恭子氏提供）

幸田延さん作曲の『天』（幸田延子先生功績表彰会の記念冊子（1931年）より、長恭子氏提供）

に取り組む孫たちを応援し続けた、音楽が大好きなおばあさんだったのだと、私は思います。

恭子さんへインタビューをさせていただいた際、それは質問事項に沿って形式的に行ったため、恭子さんも少し気を張ってお話ししてくださったのかもしれません。「質問は以上です。ありがとうございました。」と言って、録音を止めようとすると、恭子さんの口から率直なことばが出てきました。

お粗末でございました。お役に立つかどうか全然わかりません。でも、本当にあんなに見事に、祖母は見事に過去を消しちゃってるというか、だからほんとに私が藝大受かって、その涙流して、でもそのあとにその藝大のお別れ会があったときに、嬉々として出かけていったっていうところで初めて祖母らしい音楽のね、初めて知った

それまでは恭子さんにとっては、おばあさん以外の何物でもなかった愛さん。しかし、恭子さんが母校への合格を果たしたことで、本心を隠すことなく、東京音楽学校卒業生の自分自身、そしてその後輩となる孫の存在を認めたのでしょう。

エピローグ

平成二四（二〇一二）年七月、博士論文を執筆中だった私は、外出の頻度も減り、二日まるまる自宅で過ごすということもままありました。たしか、二日ほど自宅に籠もりきりで、日用品の買い出しのために久しぶりにスーパーへ行った帰りだったと記憶しています。当時住んでいた川崎市の自宅のポストに、松本道介先生からの葉書が届いていました。メールを使用されず、携帯電話も持っていらっしゃらない松本先生は、何か連絡があると、決まって郵便はがき（かつてのいわゆる官製葉書）に手書きで郵送してくださっていました。急いで伝えなければいけないと判断されたときは速達のこともあり、本当に先生の律儀な性格にいつも頭が下がる思いでした。このときに届いていた葉書には、衝撃的なことが書かれていました……。

長恭子さんが亡くなったというのです。松本先生の葉書には、親族だけで葬儀を済ませ、今斎場から戻ってきた、と書かれていました。私はこの葉書を読んだ瞬間、立ちすくみ、買い物をしてきた袋も投げ出してしまいました。私の顔は涙に濡れていたのか、先生からの葉書はインクが滲んでいました。

藝大の大先輩の優しいおばあさん……大好きな恭子さんにはもう会えない……。博士論文を書き終えたら、恭子さんにお見せしたい……それは、願っても叶わなくなってしまったのです。前年一一月に受けた検査の結果がよくなかった、私には詳細は教えてくださらなかったその結果は、末期がんでした。恭子さんは、近く訪れるであろう自身の死に向けて、自宅にあるものを整理しようと、私に連絡をしたのです。おばあさん、つまり愛さんの写真やアルバムはもう必要がない、でも、研究をしている人がいるなら、役立ててほしい、と私に託されたのでした。私は、恭子さんのお気持ちを継いで、何としても博士論文を完成させようと心に誓いました。そして、つらい気持ちを抑えて、残りの執筆に取り組みました。

同年九月、博士論文もほぼ形になったところで、松本先生にお願いをして、恭子さんのご自宅へ弔問に訪れました。そのときは、松本先生のほか、先生のご長男・宗雄さんとそのご友人も一緒でした。恭子さんのご自宅は売却をする予定であり、家にあるものを整理している最中で、何か研究に関係があるものや興味があるものを見ていってください、と聞いていました。ご自宅にうかがうと、恭子さんのご主人・長昭連《あきつら》さんと妹の和子さんが、家の中の掃除をしていました。私はまず、恭子さんの祭壇に手を合わせました。その後、皆さんとともに書籍を中心に自宅にある「不要」とされたものを拝見しました。このとき、私はある写譜を見つけました。それは、恐らく恭子さんが若い頃に写したものだと思われます。研究に取り組むにあたって、愛さんの写譜にはお世話になりましたので、恭子さんの写譜が失われてしまうことは避けたいと思い、いただくことにしました。そのほか、すぐに研究に使うのかわからないまま、失ってしまうことの惜しさに段ボール一つ分の楽譜や本をいただきました。そして、和子さんからは、恭子さんの形見のアクセサリーをいただきました。血縁関係にあるわけでもない私にとっては、身に余るようでしたけれど、いつまでも恭子さんに見守っていただける気がして、それから今までずっと、自宅のピアノから見える位置に飾らせていただいています。

そして、平成二四年一〇月五日、創立記念日の翌日に、東京藝術大学へ博士論文を提出することができました。多くの方に支えられたなかでの、博士論文の執筆でした。私は、提出したその足で、数ヶ月ぶりに地元神戸へ帰省しました。というのも、八〇歳になった祖父が入院してから、一切会いに行けていなかったため、お見舞いに行ってその場で博士論文の提出を伝えたかったのです。その夜の祖父は調子が悪く、私が久しぶりに帰ってきたことに対しての反応も薄いものでした。私は、出来る限り祖父の病室を見舞って元気になってもらいたい、と骨休めも兼ねてしばらく神戸に滞在することにしました。その間、母校立命館大学での非常勤講師が内定し、病床の祖父はとても喜んでくれました。二週間ほど滞在した後、藝大でのゼミやレッスンもあるため、毎週神戸に帰るという生活スタイルに切り替えました。

平成二四年度の秋学期には、立命館大学の先輩・中元崇智氏（当時高千穂大学商学部准教授）の斡旋で、高千穂大学商学部の総合科目Bという講義を担当させていただきました。この科目は、毎回ゲスト講師が一人の人物を取り上げて紹介するという内容で、杉並区民に対しても聴講を募っていました。私は、迷わず愛さんを題材に講義をすることに決めました。そして、杉並区民の聴講生を受け入れているというため、中元氏に依頼し、この回限定で杉並区民の松本道介先生と山口奈美子さんに講義に来ていただくことが叶いました。講義日は、同年一二月一八日、この日は私の亡き祖母の誕生日でした。幼少期は、母が仕事で忙しく、おばあちゃん子だった私は、祖母の誕生日でもあるこの日に、松本先生や奈美子さんにとってはおばあさんである愛さんの話をすることについて、不思議なご縁を感じました。

当時は毎週神戸と東京を行き来するという生活を送っていたところ、一二月に入り、東京にいる私のもとに、いよいよ祖父が危ないとの知らせがきました。神戸に戻ると、祖父は集中治療室に移っていました。そして、私たちの願いも虚しく、平成二四年一二月一六日未明、祖父は息を引き取りました。奇しくも、恭子さんと同い年でした。翌一七日に通夜を執り行い、家族との相談の末、私は一八日の葬儀には参列せず、高千穂大学へ講義に行くことになりました。立命館大学の非常勤講師が決まったときに喜んでくれた祖父、研究者としての第一歩を踏み出そうとしている私がはじめての講義をすることで、きっと祖父も喜んでくれるだろうという、苦渋の決断です。私は通夜の後、泣く泣く斎場を後にして、最終の新幹線で川崎の自宅に戻りました。

翌一八日の二限に設定されていた総合科目Bは、ちょうど祖父の葬儀と同じ時間帯でした。神戸の祖父に思いを馳せながら、はじめて大学の教壇に立ちました。高千穂大学の学生さんや杉並区民の皆さんに、愛さんの足跡を知っていただけた有意義な時間でした。祖父、生きていたら誕生日を迎えた祖母、研究の完成をお見せすることができなかった恭子さんに見守られている気がして、講義が終わったときには、涙がこみ上げてくるのを感じました。

その翌日一二月一九日は博士論文の審査会というハードなスケジュールでした。東京藝術大学で実施された審査会を終えて、すぐに神戸に戻ったのはいうまでもありません。真っ先に祖父の祭壇に手を合わせ、高千穂大学での講義と博士論文の審査会が終わったことを報告しました。このように、博士論文の提出と前後して、平成二四年という年は、私にとって悲しい別れのあった年でした。


平成二五（二〇一三）年三月、無事学位を取得し、東京藝術大学の大学院を修了した私は、同時に東京藝術大学の音楽教育研究室に助手として週一回勤務することになりました。昨秋には立命館大学の非常勤講師も決まっていたので、毎週東京と京都を行き来することになりました。昨秋からは毎週神戸に帰るという生活をしていたので、特に不安もなく、引き続き東京で勉強ができる喜びと母校の大学に戻る安心感がありました。そして、東京での三年間は研究第一に邁進してきたので、今までできなかったことに貪欲になりたいと意気込んでいました。

平成二五年六月には、所属している東洋音楽学会東日本支部の地区例会において、博士論文の発表をする機会をいただきました。平成二六年までに計三回の博士論文発表の機会をいただき、東洋音楽学会では愛さんを扱った、第四章「東京音楽学校開校期における教育内容と地方における音楽教育の展開―明治二〇年代の京都を事例に」を発表することにしました。そこで、研究を進めるにあたってお世話になった愛さんのお孫さんの方々、岡谷和子さん、松本道介先生、石川多美子さん、山口奈美子さん、そして、松本先生をご紹介くださった生田澄江先生にご案内をして、皆さんに来ていただくことができました。教室に配置された座席のほぼ中央に陣取ったお孫さんたちを前にして、これまでにない緊張感のもと、発表をしました。会場にいらっしゃった塚原康子先生には、私が今までにない挙動不審な状態に見えたそうです。しかし、皆さんのご協力あってまとめられた研究の成果を聴いていただけることは、この上ない喜びでした。

そして、東洋音楽学会の地区例会の際にはあまりお話ができなかったので、改めて和子さんにお会いすることになりました。まず、都内のご自宅を訪問し、夏休みに入ると、和子さんが夏の間過ごされている軽井沢の別荘に遊びに行くことになりました。松本先生に最初に紹介していただいたのが恭子さんだったからか、また、恭子さんが東京藝術大学で声楽を専攻しておられたからか、恭子さんがお話しする愛さんの様子に惹き込まれてしまったのか、恭子さんとの出会いはおばあさんにもう一度会えたような錯覚を起こしました。それに対して、和子さんに対する印象は祖母の妹に対するものと似ていました。中学一年生で祖母が亡くなってから、祖母の妹が何かと私に対して気に掛けてくれて、現在にいたります。恭子さんと和子さんが私にとってそのような存在であるのは、やはり恭子さんを私の祖母に重ねて見ていたことが大きいと思います。

平成二五年七月には、軽井沢にいらっしゃる和子さんを訪ねました。私にとって初めての長野県への旅でした。軽井沢駅で和子さんと落ち合い、和子さんの車で別荘へと向かいました。その日は、別荘の周りを散歩した後、和子さんとともに夕食の準備をしました。一人暮らしが長い私にとって、祖母ほど年の離れた和子さんの料理の手伝いをするのは、不思議な感覚でした。翌朝は、和子さんは数独、私は読書と自由な時間を過ごし、散歩がてら和子さんのお気に入りというお蕎麦屋さんへ行きました。午後からは、美術館や博物館、軽井沢銀座にも出かけました。和子さんのお誘いがなれければ経験できない、とても充実した二日間を過ごすことができました。愛さんのお孫さんと軽井沢の別荘で過ごすなんて、数年前の私には想像もできなかったことです。

本書執筆中には、博士論文執筆時と同様に悲しい別れがありました。平成二九（二〇一七）年五月、松本道介先生が八二歳で亡くなりました。愛さんの本を書くという構想は、博士論文の執筆に本格的に取り組む前からありました。愛さんゆかりの方々にお会いして、研究にご協力をいただいたことで、愛さんについては博士論文とは別の形にして、皆さんに恩返しがしたい、という思いがあったのです。岩原晴江さんからは、「いつご本になるの？」と聞かれて、博士論文をお渡しして、「本にはならないです」と答えながらも、やはり愛さんの足跡を形にしたいという思いは募りました。博士論文を書籍として出版すると、それは研究書となります。研究書だと、その本を手に取る多くは同様の研究をしている一部の研究者で、専門外の方には敷居が高くなります。そのため、愛さんについてまとめた本は、一般書として出版し、広く読んでいただきたいと考えるようになりました。この一般書としての出版について、以前松本先生にお話ししたところ、研究書よりも一般書の方がよい、との後押しをいただいていました。平成二六（二〇一四）年七月、当時住んでいた京都の自宅に、出版社から松本先生の『小説の再生』（鳥影社、二〇一四年）の謹呈本が届きました。あとがきの最後の一文「私は今度の出版をもって著作活動を打ち止めにしたいと考えている」が胸にささりました。その後先生とはお会いする機会がないまま、月日が過ぎ、私は停滞していた執筆をようやく再開し、その報告も兼ねて、久しぶりに松本先生をお訪ねしたいとご自宅にお電話をしました。そして、奥様から訃報を聞いたのです。私はこのタイミングでの先生との別れに衝撃を受けました。まだ、話したいことがたくさんあったのに、出版に際してご教示を仰ぎたかった……恭子さんに博士論文をお見せすることができなかったときの悔しさを再び味わったのです。

そして、平成二九（二〇一七）年七月には岩原晴江さんが亡くなりました。ご高齢のため、積極的に連絡を取ることは控えていたものの、晴江さんが楽しみにしてくださっていた「本」を謹呈できなかったことは悔やまれてなりません。このように振り返っていくと、私が愛さんのご遺族に巡りあえて、お話を聴き、それを研究に活かすことができたのは、奇跡的なタイミングともいえるのです。歴史研究の成立には、このようなタイミングに恵まれる運も伴うことを改めて考えさせられました。文字の史料を探すところからはじまり、このようにご遺族に辿り着けたこと、音楽を学んだ人物の視点からの研究にこだわって、根気強く調査をしてきたことが報われました。

愛さんのお孫さんの方々は、長男・秀彦さんの発案により、年に一度「いとこ会」と称して、集まる場を設けています。愛さんが生きた足跡は現代も受け継がれているのです。親戚付き合いが希薄になりつつある現代、とても素敵なことだと思います。愛さんのご親族の方々から全面的な協力を得て、私はようやく歴史研究のスタート地点に立つことができた気がします。今後も、日本の西洋音楽黎明期に音楽を学んだ人物を掘り起こし、積極的に研究を継続させていきたいです。

第30回いとこ会（2011年10月）。前列左から2人目が岡谷和子さん、つづいて松本道介先生、長恭子さん

第1回いとこ会（1981年7月）

岩原 愛 年表

年月日	満年齢	事項
明治五（一八七二）年五月（＊旧暦）	○歳	石川県大聖寺町で、父・孝興、母・セキの間に生まれる
明治一一（一八七八）年三月	五歳	石川県金沢市・婉静小学校普通科入学
明治一九（一八八六）年一二月	一四歳	町立高岡女児学校（婉静小学校改称）卒業
明治二〇（一八八七）年三月	一四歳	音楽取調掛入学 ＊同年一〇月、東京音楽学校開校
明治二四（一八九一）年七月	一九歳	東京音楽学校専修部を首席で卒業、研究科へ進学、授業補助となる
同年一一月		東京音楽学校を退学
明治二五（一八九二）年九月	二〇歳	京都府高等女学校嘱託唱歌教員となる
明治二六（一八九三）年		父・孝興死去
明治二八（一八九五）年一一月	二三歳	京都府高等女学校を退職
同年一二月		松本源太郎と結婚
明治二九（一八九六）年一一月	二四歳	東京音楽学校へ通う（～翌年三月まで）
明治三一（一八九八）年一月	二五歳	長女・孝誕生
明治三二（一八九九）年三月	二六歳	源太郎、熊本へ単身赴任
同年九月	二七歳	次女・輝誕生
明治三三（一九〇〇）年三月	二七歳	源太郎、山口高等学校長に就任
同年六月	二八歳	一家で山口へ転居
明治三四（一九〇一）年三月	二八歳	次女・輝死去
同年一一月	二九歳	長男・秀彦誕生

岩原 愛 年表

明治三六（一九〇三）年六月	三一歳	次男・良彦誕生
同年八月		母・セキ死去
明治三七（一九〇四）年一二月	三二歳	三男・清彦誕生
明治三九（一九〇六）年一一月	三三歳	四男・茂彦誕生
明治四〇（一九〇七）年一一月	三四歳	源太郎、学習院教授兼学習院女学部長に就任、一家で東京へ転居
明治四一（一九〇八）年九月	三五歳	三女・順誕生
明治四三（一九一〇）年二月	三六歳	五男・直彦誕生
明治四四（一九一一）年六月	三八歳	四女・敬誕生
同年一二月		長女・孝死去
大正二（一九一三）年四月	三九歳	六男・貞彦誕生
大正五（一九一六）年八月	四三歳	七男・正彦誕生
大正七（一九一八）年	四五歳	上大崎・長者丸へ転居 源太郎、学習院を退職し、宮中顧問官となる
大正一四（一九二五）年一月	五一歳	肋膜炎が再発し、近江療養院（滋賀県）に入院
同年一一月	五二歳	夫・源太郎死去
昭和一一（一九三六）年七月	六三歳	兄・岩原謙三死去 五男・直彦が岩原家を継ぎ、ともに岩原家へ移り住む
昭和一五（一九四〇）年一二月	六七歳	三女・順死去
昭和二六（一九五一）年一〇月	八〇歳	東京音楽学校にお別れの会に出席する
昭和二七（一九五二）年四月	八〇歳	脳溢血で倒れる
昭和二九（一九五四）年四月	八二歳	死去

参考文献

■有本真紀（二〇一三）『卒業式の歴史学』講談社
■生田澄江（二〇〇二）『舞踏への勧誘―日本最初の女子留学生永井繁子の生涯』文芸社
■生田澄江（二〇〇九）『瓜生繁子―もう一人の女子留学生』文藝春秋企画出版社
■遠藤宏（一九四八）『明治音楽史考』（有朋堂）
■近江八幡市史編集委員会編（二〇〇四）『近江八幡の歴史』第一巻　街道と町なみ、近江八幡市
■近江八幡市史編集委員会編（二〇〇八）『近江八幡の歴史』第四巻　自治の伝統、近江八幡市
■大角欣矢編（二〇〇八）『近代日本における音楽専門教育の成立と展開』（平成一七～一九年度科学研究費補助金　基盤研究（B）研究成果報告書）
■大角欣矢編（二〇一二）『東京音楽学校の諸活動を通して見る日本近代音楽文化の成立―東アジアの視点を交えて』（平成二〇～二三年度科学研究費補助金　基盤研究（B）研究成果報告書）
■芸術研究振興財団、東京芸術大学百年史刊行委員会編（一九八七）『東京芸術大学百年史　東京音楽学校篇第1巻』音楽之友社
■芸術研究振興財団、東京芸術大学百年史編集委員会編（二〇〇三）『東京芸術大学百年史　東京音楽学校篇第2巻』音楽之友社

■坂本麻実子（一九九九）「明治時代の公立高等女学校への音楽教員の配置─東京音楽学校卒業生の勤務校の調査から─」『富山大学教育学部紀要』第五三号
■坂本麻実子（二〇〇〇）「明治時代の師範学校への音楽教員の配置─東京音楽学校卒業生の勤務校の調査から─」『富山大学教育学部紀要』第五四号
■坂本麻実子（二〇〇六）「石川県人の西洋音楽事始」『お茶の水音楽論集』特別号（徳丸吉彦先生古稀記念論文集）
■信濃教育会編（一九五八）『伊澤修二選集』信濃教育会
■瀧井敬子（二〇〇四）『漱石が聴いたベートーヴェン　音楽に魅せられた文豪たち』中央公論新社
■瀧井敬子・平高典子（二〇一二）『幸田延の「滞欧日記」』東京藝術大学出版会
■竹中亨（二〇〇〇）「伊沢修二における『国楽』と洋楽─明治日本における洋楽受容の論理─」『大阪大学大学院文学研究科紀要』第四〇号
■竹中亨（二〇〇七）「明治期の洋楽留学生と外国人教師─ドイツとの関係を中心に─」『大阪大学大学院文学研究科紀要』四七号
■竹中亨（二〇一六）『明治のワーグナー・ブーム　近代日本の音楽移転』中央公論新社
■塚田博之（二〇一一）「高橋慎一郎による伊澤修二全集編纂」『信濃』第六三巻第九号
■塚原康子（一九九三）『十九世紀の日本における西洋音楽の受容』多賀出版
■東京芸術大学音楽取調掛研究班編著（一九七六）『音楽教育成立への軌跡』音楽之友社

■中村昌生編（一九九五）『普及版・数寄屋邸宅集成1　茶室のある邸宅』毎日新聞社
■萩谷由喜子（二〇〇三）『幸田姉妹～洋楽黎明期を支えた幸田延と安藤幸～』ショパン
■平澤博子（一九九九）「すてきなご夫妻　根上淳・ペギー葉山さんにお会いしました―琴竜関にもお会いしました」『音楽鑑賞教育』通巻三七〇号
■平澤博子（二〇一九）『ウィーンから日本へ　近代日本音楽の道を拓いた　ルドルフ・ディットリヒ物語』論創社
■平高典子（二〇一三）「幸田延のウィーン留学」『論叢　玉川大学文学部紀要』第五三号
■平高典子（二〇一四）「幸田延のボストン留学」『論叢　玉川大学文学部紀要』第五四号
■平高典子（二〇一五）「幸田延のヨーロッパ音楽事情視察」『芸術研究　玉川大学芸術学部研究紀要』第七号
■藤本寛子（二〇〇六）「明治二〇年代の東京音楽学校と日本音楽会」『お茶の水論集』第八号
■藤本寛子（二〇一二）『日本音楽会の研究―明治中期の東京における音楽活動とその組織―』お茶の水大学博士論文
■堀内敬三（一九四二）『音楽五十年史』鱒書房
■松本善三（一九九五）『提琴有情―日本のヴァイオリン音楽史―』レッスンの友社
■松本秀彦（一九七四）『母を語る』（非売品）
■丸山彩（二〇一一）「明治一〇年～二〇年代の京都府女学校・京都府高等女学校における音楽

教育の展開」『音楽教育学』第四一巻第二号
■丸山彩（二〇一二）「音楽取調掛における唱歌伝習の実際―伝習生が遺した「譜面」を手掛かりにして―」『音楽教育史研究』第一四号
■安田寛（二〇一二）『バイエルの謎　日本文化になったピアノ教則本』音楽之友社
■山口県編（二〇一六）『山口県史』通史編　近代、山口県
■山口高等商業学校（一九四〇）『山口高等商業学校沿革史』山口高等商業学校
■山住正己（一九六七）『唱歌教育成立過程の研究』東京大学出版会

参考史料

■『鴨沂会雑誌』第七号（一八八四年）、第八号（一八八五年）
■『音楽雑誌』第一号（一八九〇年九月）、第六号（一八九一年二月）、第二五号（一八九二年九月）
■「楽譜仮名目録」（複写・東京藝術大学音楽学部音楽総合研究センター所蔵）
■『教育報知』第五二号（一八八七年一月二九日）
■『京都鴨沂会雑誌』第四号（一八九一年）
■『東京日日新聞』一八八八年一一月二九日、一八八九年一一月二一日

■『防長新聞』一九〇四年一〇月一二日、一九三五年一〇月一四日
■『読売新聞』一八九二年八月一二日、同年八月三〇日、同年九月五日
■伊那市創造館所蔵「ディットリヒが伊澤修二に宛てた手紙」
■京都府立京都学・歴彩館所蔵「京都府庁文書」明21-7「明治廿一年中　官吏指令」、明23-15「明治二十三年一月〜十月官吏指令　第一庶務課」、明25-53「明治二十五年中高等女学校一件学務分掌」
■京都府立総合資料館複製「徳重文書」
■幸田延子「私の半生」『音楽世界』第三巻第六号、一九三一年
■東京音楽学校『東京音楽学校一覧　従明治廿二年至明治廿三年』、一八九〇年（推定）
■東京音楽学校『東京音楽学校一覧　従明治廿四年至明治廿五年』、一八九二年（推定）
■東京音楽学校『東京音楽学校一覧　従明治明治四十三年至明治四十四年』、一九一〇年
■東京藝術大学音楽学部音楽総合研究センター大学史史料室所蔵「明治二十三年七月　学年末試験書類綴　東京音楽学校」「東京音楽学校明治廿三年々報」「明治二十三年四月以降　生徒入退学通知簿　東京音楽学校生徒係」「東京音楽学校にお別れの会」プログラム
■永井幸次『来し方八十年』大阪音楽大学短期大学楽友会出版部、一九五四年
■山口県編『山口県史』史料編　近代二、山口県、二〇一二年

あとがき

本書は、本文中でも述べたように、平成二四（二〇一二）年一〇月に東京藝術大学へ提出した博士学位請求論文『音楽取調掛から東京音楽学校開校期における伝習・教育の実際—文書・楽譜・証言をもとに—』の一部を、岩原愛さんに焦点をあてて、再構成したものです。岩原愛さんについて、初めて研究発表をしたのは、平成二三（二〇一一）年一〇月に奈良教育大学で開催された、日本音楽教育学会第四二回大会でした。大学院生の頃は、学会発表に備えて、規定時間内に収まるかどうか、わかりにくい箇所や矛盾点がないか、などを確認する意味も込めて、先輩方に「練習」に付き合っていただいていました。この年は、一〇月に二本の学会発表があり、一つは母校の立命館大学で先輩方に練習に付き合っていただき、日本音楽教育学会での発表は、東京で帝京大学の小山俊樹先生と大学の先輩にあたる島田大輔氏に「練習」に付き合っていただきました。その際、はじめて扱うオーラルヒストリー的な内容について、小山先生から貴重なご助言をいただいたことが、愛さんの人物像の解明に大きな助けとなりました。大会当日には、ディットリヒによるプロポーズなど、人間味あふれるエピソードを交えたことが反響を得て、終了後には声をかけていただくなど、充実したものとなりました。博士論文提出後は、大学の先輩にあたる中元崇智氏の計らいで、高千穂大学の人物史をテーマにしたリレー講義において、愛さんの足跡を紹介させていただく機会を得ました。さらに、東洋音楽学会東日本支部の博士論文発表会においては、博士論文の第四章を発表し、愛さんについて紹介をすることができました。愛さんに関しては、博士論文をもとに、東京藝術大学音楽教育研究室が発行する『音楽教育研究ジャーナル』の第三九号および第四〇号において、論文、研究ノートとしても発表をさせていただきました（丸山彩「開校期の東京音楽学校専修部において音楽専門教育を受けた岩原愛―遺族の証言をもとに―」二〇一三年四月、丸山彩「明治20年代前半の楽譜史料―東京音楽学校生徒の写譜と同校所蔵楽譜―」二〇一三年一〇月）。博士課程在学中に、愛さんのご親族の方々と出会い、研究への協力をいただくなかで、愛さんの足跡をまとめた伝記本を刊行したいという思いは募っていきました。それと同時に、博士論文そのものを出版するのではなく、愛さんに焦点をあてた一般書を刊行し、私のこれまでの研究過程を紹介することで、愛さんのご親族のみならず、研究に携わっていない私の親族や友人などにも、私が何をしてきたのか伝えたいと考えるようになりました。研究手法を提示することは、大学に入学する前の高校生や、研究をスタートした大学生にも、何かヒントを与えられるはずです。これは、私が大学院修了後に、立命館大学で講義を担当するようになり、学生さんと接するなかで必要に感じたことです。

このように、出版への思いは強く確かなものだったのに、刊行に漕ぎ着くまでには思いのほか時間がかかってしまいました。第一子妊娠中の二〇一七年、請け負っていただける出版社が見つからず、出産までに刊行するということは叶いませんでした。子どもが生まれてからは、子ども優先に物事を進めていたため、出版に向けて動き出すことができず、出産までに完成していた原稿はそのままになってしまいました。その後、日本学術振興会特別研究員RPDに採用していただき、子どもが幼稚園に入園し、ようやく研究の時間も確保できるようになりました。今度こそ刊行するという思いで、文芸社の小野様にご相談したところ、拙作を評価していただき、文芸社に出版を請け負っていただけることになりました。小野様は、当初二〇二二年八月の刊行を提示してくださっていたにもかかわらず、大学の手続きの関係で一一月に延期となり、その間、私の第二子妊娠がわかりました。上の子どももいる中でのマタニティー・ライフは、思ったよりも大変で、原稿の修正が終わったのが、出産の前週でした。そのため、刊行は遅れに遅れてしまったものの、なんとかここまで辿り着くことができました。

私が研究に取り組むにあたっては、多くの方々にお世話になりました。立命館大学大学院在学中は、山崎有恒先生、小関素明先生、奈良勝司先生の指導を受けました。三名の先生方は、音楽が専門ではないため、それぞれのご発言から気付かされることが多く、随所において研究の軌道修正をしていただきました。立命館大学在学中のゼミは、議論が活発で、いつも同期や後輩から刺激をもらっていました。引き続き在籍した大学院ゼミでは、藤野真挙さん、吉田武弘さんをはじめとする先輩方に、崩し字の読解や論文の書き方など、常に面倒を見ていただきました。同期や後輩も優秀な方ばかりで、いつもついていくのに必死でした。その後、進学した東京藝術大学では、音楽教育研究室で佐野靖先生にご指導をいただきました。東京藝術大学の大学院は、指導教員会議が開催され、年度ごとに先生方に進捗の報告をし、私は佐野先生のほか、同じく音楽教育研究室の山下薫子先生、音楽学の塚原康子先生、音楽文芸の杉本和寛先生にご指導を仰ぐことができました。中でも、塚原先生には在学中を通してゼミに参加させていただき、折に触れて音楽史研究のご相談をさせていただきました。以上四名の先生方には、博士論文の審査も担当していただきました。音楽教育研究室に在籍する院生の皆さんからも、塚原ゼミの院生の皆さんからも、いつも刺激を受け、ともに肩を並べて座っているだけで緊張する空間でした。東京藝術大学を実技で目指すことは考えもしなかったので、音楽のスペシャリストが周囲にいる空間に、いつも身が引き締まる思いで、院生、助手の四年間を過ごしました。また、大学史史料室の橋本久美子先生には、東京藝術大学に遺された音楽取調掛以来の史料を閲覧させていただき、史料や文献が豊富な史料室に通うことが常になっていました。藝大での一年目に、塚原先生のゼミや橋本先生の授業でご一緒させていただいた、玉川大学の平高先生にも公私ともに大変お世話になりました。幸田延の研究をされている平高先生からは、愛さんの情報をいただくことも多く、母親のような視点で、関西から出てきて一人暮らしをする私をいつも気遣ってくださいました。声楽については、高校生の頃から大阪音楽大学の永井和子先生に師事しました。大学進学後は、永井先生と研究のお話をする機会も増え、藝大への進学が決まったときにはとても喜んでくださいました。私の音楽史の研究は、ベースにはやはり実技で培ってきたものがあり、私の論文を読んだ永井先生が、レッスンで教えたことがわかっているとおっしゃったときは、とても嬉しかったです。

現在は、日本学術振興会特別研究員として、立命館大学の山崎先生のもとに戻り、再び京都をフィールドとして、音楽史の研究を継続しています。学部時代から、常に私の理解者であり父親のような存在であった山崎先生の後押しがあり、出版に漕ぎ着くことができました。

この研究は、愛さんのご親族の方々との出会いがなければ、成立しなかったことはいうまでもありません。故長恭子さん、岡谷和子さん、故松本道介先生、松本先生の奥様・松本ふみ子さん、ご子息の松本宗雄さん、故岩原晴江さん、石川多美子さん、山口奈美子さんには、博士課程在学中より大変お世話になりました。博士論文執筆中に、恭子さんがお亡くなりになり、博士論文をお見せすることができなかったことは悔やまれてなりませんでした。そして、出版が遅々として進まなかったため、松本先生、晴江さんにも、本を献呈することが叶いませんでした。ご親族の方々には、感謝の思いとともに、申し訳ない気持ちでいっぱいです。長らくお待たせしてしまい、申し訳ありませんでした。

本書の出版の準備中に、家族が増えたことは先に述べた通りです。長女は、三歳からヴァイオリンをはじめ、私は弾くこともできなければ触ったこともなかったヴァイオリンに毎日触れるようになり、愛さんがどのようにヴァイオリンを学習したのか、思いを馳せることができるようになりました。私が母から託された音楽の夢は、ピアノではなく声楽、さらには音楽史研究へと進んでいきました。私も幼い娘といつか、ともに演奏ができる日がくることを楽しみに日々を過ごしています。主人はこの数年間、出版のことを気にかけてくれていました。私が研究や仕事を続けられるのは、主人や娘の理解があるからです。

さらに、地元・神戸に戻ってからは、育児に関しては両親からも全面的なサポートを受けています。恵まれた環境で研究ができ、大切な家族に感謝しています。

最後に、修正がなかなか進まず、ご心配をおかけしたにもかかわらず、サポートをしてくださった文芸社の皆様には、大変お世話になりました。今までお世話になったすべての方々に感謝し、今後さらなる研鑽を積んでいく所存です。

著者プロフィール

丸山 彩（まるやま あや）

兵庫県神戸市出身。立命館大学文学部、同大学院文学研究科博士課程前期課程修了。東京藝術大学大学院音楽研究科音楽文化学研究領域（音楽教育）博士後期課程修了、博士（学術）。大学院修了後は、東京藝術大学音楽学部教育研究助手、立命館大学文学部日本史学専攻・京都学専攻非常勤講師などを経て、現在、日本学術振興会特別研究員RPD、立命館大学文学部授業担当講師。

夢を追いかけて 音楽を学んだ明治女性・岩原愛の生涯

2023年 3 月15日　初版第 1 刷発行

著　者　丸山 彩
発行者　瓜谷 綱延
発行所　株式会社文芸社
〒160-0022　東京都新宿区新宿1－10－1
電話 03-5369-3060（代表）
03-5369-2299（販売）

印刷所　神谷印刷株式会社

ISBN978-4-286-24057-2